아름다운 이별

소태산의 천도 법문

일러두기
1. 「대종경_천도품」은 소태산 대종사의 법문,「법어_생사편」은 정산 종사의 법문, 법문 옆의 덧붙임은 저자의 글.
2. 각주, 용어풀이는 원불교대사전 인용·참조.

아름다운 이별

소태산의 천도 법문

머리말

하루에 법문 한 편씩

이 책은 원불교를 잘 모르는 채 소중한 인연을 위해 천도재를 모셔 드리는 가족과 친지 분들을 염두에 두고 엮었습니다. 슬프고 당황스러운 상황에서도 차분히 장례를 치루면서 고인의 명복을 빌 수 있도록 도움을 드리고 싶었습니다.

내용은 장례 절차에 따라 유념하고 준비해야 할 내용, 천도재와 생사의 이치에 관한 소태산 대종사와 정산 종사의 법문 소개, 천도재 의식 진행 안내, 관련 자료 등으로 구성되어 있습니다.

유족들에게 부탁드립니다. 이 책은 49일 동안 정성을 드리는 7·7 천도재에 맞춰 49개의 법문을 소개하고 있습니다. 하루에 꼭 1개 또는 그 이상의 법문을 정성스러운 마음으로 읽어주십시오. 법문 내용을 음미하시고 공감하시고 깨달음을 구해주십시오. 그렇게 하는 것이 돌아가신 분, 열반인을 위해서 이익이 되기 때문입니다. 물론 법문을 읽는 본인들에게도 이익이 됨은 더 말할 나위 없습니다. 소태산 대종사의 뜻입니다.

소태산 부처님만큼 생사와 천도에 관해 상세하고 친절한 법문을 해준 예를 찾기는 쉽지 않습니다. 삶과 죽음에 관한 깊은 통찰과 깨달음으로 가득한 소태산 부처님의 법문을 공부하다 보면, 삶과 죽음에 대한 인식과 태도가 바뀌게 될 것입니다. 현생의 죽음이 인연의 최종적 단절이 아니라, 차원이 다른 새로운 인연의 시작임을 깨닫게 될 것입니다.

성직자들에게 천도재를 맡기고 유족들은 수동적으로 참여하는 형식적 의례는 천도재 본연의 의미를 제대로 살리지 못합니다. 천도재를 매개로 돌아가신 분과 적극적으로 소통하고, 새로운 변화의 여정을 떠난 분을 위해 도움을 주는 불공이 되어야 합니다.

아무쪼록 이 작은 책이 영가靈駕(고인), 유족, 친지분들에게 부처님의 정법에 인연을 맺는 소중한 기연이 되고, 마음에 위안이 되면 좋겠습니다. 생사 변화에 대한 깊은 통찰과 깨달음으로 안내하여 영가의 명로冥路를 밝히고 진급의 길로 이끄는 공덕이 있기를 기원합니다.

이별이 그냥 아픈 이별에 그치지 않고 아름답고 희망이 가득힌 이별, 새로운 만남을 기약하는 이별이 되기를 두 손 모아 축원합니다. 감사합니다.

원기101년 (불기2560년, 서기2016년)
군산 최정풍교무 두 손 모음

이 책은 정연택님 후원으로 출판했습니다. 감사합니다.

목차

머리말   하루에 법문 한 편씩   06

고인 약력 및 장례 절차 준비
고인 약력   13
장례 절차 및 준비   14

천도 법문   19

1·7 초재
1일 · 저 해가 오늘 비록 서천에 진다할지라도   22
2일 · 천도재를 어찌 사십구일로 정하였나이까?   24
3일 · 참으로 영원한 나의 소유   26
4일 · 최후의 일념을 어떻게 하오리까?   28
5일 · 치재하는 효과가 어떠하나이까?   30
6일 · 올바른 천도를 얻어야 할 것인 바   32
7일 · 서로 영결이 되었사오니   34

2 · 7 이재

8일 · 눈을 떴다 감았다   38
9일 · 꽃도 없고 잎도 졌으나   40
10일 · 새 육신을 받는 경로   42
11일 · 일 점의 영식은   44
12일 · 윤회를 자유하는 방법   48
13일 · 특별히 지정한 인연   50
14일 · 생사 거래   52

3 · 7 삼재

15일 · 다만 그 몸과 위치를 바꿀 따름   56
16일 · 죽어도 그 영혼 살아도 그 영혼   58
17일 · 염라국과 명부사자   60
18일 · 참 몸 참 마음   62
19일 · 가고 오는 길   64
20일 · 어떠한 이익이 있나이까?   66
21일 · 제일 큰 보물   70

4·7 사재

22일 · 아주 없어지는 것은 없고   74
23일 · 참된 위력   76
24일 · 생사 자유   80
25일 · 가까운 인연   84
26일 · 천도의 가장 큰 요건   86
27일 · 업보를 멸도시키는 방법   88
28일 · 서원성불제중 귀의청정일념   92

5·7 오재

29일 · 성불할 좋은 종자   96
30일 · 선도수생   98
31일 · 마음을 깨쳐 알고 행을 바르게 하면   100
32일 · 제 힘으로는 천리를 갈 수 없으나   104
33일 · 하늘 사람과 땅 사람   106
34일 · 재를 올리는 공이   108
35일 · 가장 중요한 일   110

6·7 육재

36일 · 생의 도   114
37일 · 천도되는 이치   116
38일 · 착심에 끌리어   118
39일 · 자기 스스로 하는 천도   120
40일 · 일념청정 숙업자멸   122
41일 · 한없는 세상을 드나들 적에   124
42일 · 생사대사   128

7·7 종재

43일 · 잘 죽는 사람, 잘 사는 사람   132
44일 · 최후일념 최초일념   134
45일 · 마음을 맑히고 보면   138
46일 · 악도에 떨어지지 아니하는 중요한 밑천   140
47일 · 눈과 얼음이 자연 녹아지듯이   142
48일 · 한 생각 조촐한 마음   144
49일 · 욕심의 구름이 걷혀 버려야   146

천도재 의식 진행 예문　　　　　　**149**

부록 _ 경문, 법문, 예문　　　　　　**171**

십이인연법문　　　　　　172
대서원 · 대신성 · 대참회　　　　　　174
일원상 서원문　　　　　　175
반야바라밀다심경　　　　　　176
참회문　　　　　　178
금강경　　　　　　180
발인식 고사　　　　　　185
발인식 부모전 고사　　　　　　186
발인식 축원문　　　　　　188
입장식 영결사　　　　　　189
종재 축원문　　　　　　190

고인 약력 및 장례 절차 준비

고인   **약력**

생년월일, 고향, 학력, 부모님 성함, 성장 과정, 사회생활, 가족 관계, 평소 인품, 원불교와의 인연, 수상 경력, 사회 공헌, 유지, 기억에 남는 추억 등을 간단히 기재합니다. 발인식 고사, 종재 고사 작성에도 도움이 됩니다.

-
-
-
-
-
-

장례 절차 및 준비

주례 교당 연락처

임종 전에 주례 교당 교무님에게 미리 연락해서 도움을 받습니다.

          교당   교무님

전화번호:

임종

장소:

시각: 년   월   일

오전 · 오후: 시   분

상조회사 연락처

회사명칭:

전화번호:

담당직원:

전화번호:

운구
장례식장으로 운구

안치
사망 증빙 서류 준비

빈소
장소:

주소:

전화번호:

열반 독경
교무님과 상의하여 독경 횟수와 시각을 결정합니다.

조문객 맞이

염습 및 입관
유가족 참석

입관식 독경
교무님과 상의

발인식
발인식 전에 장지, 화장장, 영구차, 선도차, 운구 준비

교무님과 상의해서 식순 결정

출상
고인 운구, 영구차량 탑승, 장지로 출발

하관식 / 영결식
교무님 진행

안치식
교무님 진행

천도재 날짜 및 시각

재주는 교무님과 상의해서 천도재 준비에 정성을 다해주시기 바랍니다.

필요시 삼우제=虞祭도 협의합니다.

초재:	월	일	요일	시	장소		교당
2재:	월	일	요일	시	장소		교당
3재:	월	일	요일	시	장소		교당
4재:	월	일	요일	시	장소		교당
5재:	월	일	요일	시	장소		교당
6재:	월	일	요일	시	장소		교당
종재:	월	일	요일	시	장소		교당

천도재 후 열반기념제
교무님과 상의

매년: 월   일   시

장소: 교당

열반기념제 이외에도 원불교의 합동향례인
6.1 대재(매년 6월 1일)와 명절대재(매년 12월 1일)에
반드시 참석하여 고인의 명복을 빕니다.

천도 법문

•

재주齋主 분들은
영가靈駕(고인)의 완전한 해탈 천도를 위해서
49일간 하루에 한 편의 법문을
정성스럽게 봉독하고 마음에 새겨주십시오.
그 정성에 따라 천도재의 공효가 달라집니다.

1·7
초재 初齋

오늘 서쪽 하늘에 지는 해
내일 동쪽 하늘에 다시 떠오르네

저 해가 오늘 비록
서천에 진다할지라도

01일

대종사 말씀하시기를
"저 해가 오늘 비록 서천에 진다할지라도
내일 다시 동천에 솟아오르는 것과 같이,
만물이 이 생에 비록 죽어 간다 할지라도
죽을 때에 떠나는 그 영식이
다시 이 세상에 새 몸을 받아 나타나게 되나니라."

_ 천도품 9장

내일 다시 동천에 솟아오르는 것과 같이

이 세상에 태어난 모든 생명체들은
언젠가 반드시 죽습니다.

사람도 마찬가지입니다.
태어나서, 늙어가고, 병들고, 죽어갑니다.
육신은 무너지고 흩어집니다.

그러나 진리를 깨달으신 부처님들은 죽음을 달리 봅니다.
육신은 비록 죽어가지만 영식靈識은 죽지 않는다고 하십니다.
서산에 지는 해가 내일 다시 떠오르듯이
하나의 영식이 새 몸으로 다시 태어난다고 하십니다.
죽어서 완전히 없어진다면,
'천도재' 라는 의식도 필요하지 않을 것입니다.

하지만 사라지는 육신과 달리 윤회를 거듭하는 영혼의 존재를 알기에
오늘 우리는 영가를 위하여 이렇게 정성을 다하는 것입니다.
이 자리는 거룩하고 은혜롭고 소중한 자리입니다.

영가靈駕 | 영혼靈魂의 다른 말. 중음신中陰身의 상태로 있을 때의 사람의 영靈. 이생에서 삶을 마치고 떠난 영혼이 다음생의 생명을 받기 이전까지의 상태를 말한다. 이 기간에 영혼은 새 몸을 받을 곳을 찾아가게 되는데 이때 미혹되어 그릇된 길로 빠지지 않고 바른길을 찾도록 이끌어주기 위해 천도재를 올린다. 駕는 탈 것, 수레를 뜻하는 말로 영혼이 갈 길을 찾아 움직이는 존재임을 나타내기 위해 영가라고 이름한다.

천도재를 어찌 사십구일로 정하였나이까?

02일

또 여쭙기를
"천도재를 어찌 사십 구일로 정하였나이까."

대종사 말씀하시기를
"사람이 죽으면 대개 약 사십 구일 동안 중음에 어렸다가
각기 업연業緣을 따라 몸을 받게 되므로
다시 한 번 청정 일념을 더하게 하기 위하여,
과거 부처님 말씀을 인연하여 그 날로 정해서
천도 발원을 하는 것이나,
명을 마친 즉시로 착심을 따라 몸을 받게 되는 영혼도
허다하나니라."

_ 천도품 34장

업연業緣 | 업보를 불러오는 인연. 중생이 받는 과보는 다 업에 따라서 이루어지게 되고, 과보에는 반드시 과보를 가져오는 업연이 있다. 업은 업연을 따라 업과가 되고, 업과는 다시 업연을 따라 새로운 업을 지어서 끊임없이 유전하여 윤회를 계속하게 된다. 선연은 상생의 업보를 가져오고, 악연은 상극의 업보를 가져오게 된다. 따라서 악연을 멀리하고 선연을 짓도록 노력해야 한다.

중음에 머무는 기간

왜 '49' 재인지 궁금해 하는 이들이 있습니다.
'49' 라는 숫자에는 유래가 있습니다.

사람이 죽으면, 육신이 인연을 다하면,
그 영혼이 육신을 벗어나 떠돌게 됩니다.
그 세계를 '중음계' 라고 합니다.

그러다가 대체로 49일 즈음에
새로운 몸, 육신을 받게 되어 새로 태어나게 됩니다.
좋은 곳에 태어날 수도 있고, 나쁜 곳에 태어날 수도 있습니다.
고인이 생전에 지은 업業에 의해 결정됩니다.

그러므로 49일 동안 천도재를 정성스럽게 지내면
새롭게 태어날 때 좀 더 좋게 태어나게 하는 효과가 있는 것입니다.
49재에 정성을 드리는 데는 이런 이유가 있습니다.
49일은 다시 오지 않는 변화와 신급의 중요한 기회입니다.
고인을 위해 불공 할 소중한 시간입니다.

착심着心 | 사물에 집착하는 마음, 사랑하는 것, 갖고 싶은 것, 하고 싶은 것, 좋아하는 것 등에 집착하는 마음. 재색명리 · 처자권속 · 부귀영화 등 세속적 가치에 마음을 빼앗기는 것. 착심을 떼지 못하면 죄업의 바다에 빠지게 된다. 착심 떼는 공부가 생사해탈 공부이다.

참으로 영원한 나의 소유 03일

대종사 말씀하시기를
"사람이 평생에 비록 많은 전곡을 벌어 놓았다 하더라도
죽을 때에는 하나도 가져가지 못하나니,
하나도 가져가지 못하는 것을 어찌 영원한 내 것이라 하리요.

영원히 나의 소유를 만들기로 하면,
생전에 어느 방면으로든지 남을 위하여 노력과 보시를 많이 하되
상(相)에 주함이 없는 보시로써 무루(無漏)의 복덕을 쌓아야 할 것이요,

참으로 영원한 나의 소유는
정법에 대한 서원과 그것을 수행한 마음의 힘이니,
서원과 마음공부에 끊임없는 공을 쌓아야
한없는 세상에 혜복의 주인공이 되나니라."

_ 천도품 17장

정법에 대한 서원과 마음의 힘

마음에서 놓고자 하되 놓지 못하는 것을
착심着心이라고 합니다.
착심은 열반涅槃을 방해합니다.
이 착심은 선도 수생을 어렵게 할 뿐입니다.

평생 애지중지했던 내 육신도, 사랑했던 인연들도,
땀 흘려 모았던 재물도, 이제는 나의 것이 아닙니다.

나의 것이 아니라는 것, 나의 것은 애초부터 없었다는 것을,
확연히 깨닫고, 명심해야 합니다.
내 것을 고집한다는 것은, 부질없고 허망한 일입니다.

내생來生까지 도움이 되는 내 것이 있다면,
주거나, 베푼다는 마음의 흔적도 없이 베푼 것이
명복이 될 뿐입니다.
또한 신리를 향한 지극한 마음, 서원이 생사거래生死去來에 큰 힘이 되고,
수행으로 얻은 마음의 힘이 명로를 밝히는 큰 빛이 되고, 힘이 됩니다.

열반涅槃 | 불교에서 수행에 의해 진리를 체득하여 미혹迷惑과 집착執着을 끊고 일체의 속박에서 해탈解脫한 최고의 경지. 열반이란 산스크리트어 니르바나의 음역이며, 멸도滅度 · 적멸寂滅 · 원적圓寂 또는 무위無爲 · 부작不作 · 무생無生 등으로도 의역한다. 불어서 꺼뜨리다 등의 의미를 지닌 어근. 죽음을 표현하는 말로도 흔히 쓰인다.

최후의 일념을
어떻게 하오리까

04일

정일성鄭一成이 여쭙기를
"일생을 끝마칠 때에 최후의 일념을 어떻게 하오리까."

대종사 말씀하시기를 "온전한 생각으로 그치라."
또 여쭙기를 "죽었다가 다시 나는 경로가 어떠하나이까."

대종사 말씀하시기를
"잠자고 깨는 것과 같나니,
분별없이 자버리매 일성이가 어디로 간 것 같지마는
잠을 깨면 도로 그 일성이니, 어디로 가나 그 일성이인 한 물건이
저의 업을 따라 한 없이 다시 나고 다시 죽나니라."

_ 천도품 12장

온전한 생각으로 그치라

죽었다가 다시 태어나는 것이
마치 잠자고 아침에 다시 눈 뜨는 것과 같다고 하십니다.
잠에 들기 전이 이생이라면, 잠에 들어 꿈결 같은 것이 중음계이고,
잠에서 깨어나면 다음 생인 것입니다.
잠들기 전의 나와 깨어난 뒤의 내가 다르지 않듯이,
죽음 전의 나와 다시 태어나는 내가 다르지 않은 것입니다.

업을 따라 새로운 육신으로 태어나고
다른 곳에서, 다른 인연들에게서 태어나기 때문에
다르다고 할 수 있지만,
업을 따라 한 없이 다시 나고 다시 죽는
그 한 물건(영식靈識)은 같다고 하십니다.

특정한 종교를 믿어야 다시 태어나는 것이 아니라
생사의 이치 자체가 그러하다고 하십니다.
영원히 죽어 없어지는 것이 아니라
다시 태어나고 또 다시 태어난다고 하십니다.
우리 모두 마음에 깊이 새겨야 할 법문입니다.
욕심, 감정 등에 물들지 않은 온전한 마음만 챙기면 됩니다.
나머지는 진리 부처님이 알아서 해주십니다.

치재하는 효과가
어떠하나이까?

05일

학인이 묻기를
"영가를 위하여 치재하는 효과가 어떠하나이까."

답하시기를
"인연이 없던 영가에게는 불연을 맺어 줌이 되고
신심이 있던 영가에게는 서원을 굳혀 줌이 되며,
공부가 깊은 영가에게는 특별히 필요는 없으나
대중과의 법연에 또한 도움이 되나니라."

_ 생사편 10장

불연을 맺어주고 서원을 굳혀줌

떠나는 영혼에게 가장 큰 힘이 되는 것은
부처님과의 인연입니다.
진리와의 인연이 돈독해야 진급의 기회를 얻게 됩니다.
의지할 곳 없는 영가에게 불연은 가장 큰 안식과 광명이 될 것입니다.

조금이라도 신심이 있던 영가에게는
그 서원을 더욱 굳게 해주는 효과가 있습니다.
약한 서원은 경계 따라 흔들리고 좌절하기 쉽습니다.
영가의 본래 서원을 굳게 해주면
영가가 가는 길이 밝고 평탄할 것입니다.

공부가 깊은 영가에게는
이미 스스로 천도할 능력이 있습니다.
유족들이 천도, 구원을 걱정할 필요는 없습니다.
하지만 천도재를 통해 많은 대중과 소중한 법연을 맺게 되니,
이 또한 명복에 큰 도움이 되고, 영생에 복이 되는 것입니다.

명복冥福 | 사람이 죽은 뒤에 저승에서 받는 행복 · 내생의 행복을 말한다.

올바른 천도를 얻어야 할 것인 바

06일

말씀하시기를

"상장喪葬은 사람의 일생을 마치고 보내는 일이라, 친근자에 있어서는 그 섭섭함이 비할 데 없는 것이요 당인에 있어서는 이 몸을 버리고 새 몸을 받을 시기라, 반드시 올바른 천도를 얻어야 할 것인 바,

그 중에도 주主와 종從을 말한다면 천도를 주로하고 정곡情曲과 형식은 종으로 하는 것이 옳을 것이며, 재齋는 열반인의 천도를 위하여 베푸는 법요 행사니, 독경 축원 등으로 청정한 일념을 챙기게 하고 남은 착심을 녹이게 하며, 선도 수생의 인연을 깊게 하는 동시에, 헌공 등으로써 영가의 명복을 증진하게 하자는 것이요, 또는 모든 관계인들로 하여금 추도 거상居喪의 예를 지키도록 하자는 것이니, 어느 하나에도 결함됨이 없도록 모든 성의를 다하여야 할 것이니라."

_ 생사편 12장

상장喪葬 | 상례喪禮와 장례葬禮를 합한 말로서, 상례는 상중喪中에 수반되는 모든 의례를 지칭하는 용어이며, 장례는 상례의 한 부분으로 시신을 처리하는 일을 가리킨다.
정곡情曲 | 간곡한 정, 세세곡절, 내면의 깊은 기쁨과 슬픔, 즐거움과 괴로움을 함께 통하고 이해하는 것이다.
법요행사 | 천도재·법회·기도식 등 각종 중요한 의식행사를 가리킨다.

모든 성의를 다하여야

천도재는 모든 의식 중에 가장 중요한 의식이라고 할 수 있습니다.
돌, 성년식, 결혼식, 회갑식 등과는 그 중요도가 크게 다릅니다.
이 생을 마치고 새 몸을 받는 시기에 하는 의식이기 때문입니다.

천도재는 유족의 슬픔을 위로하는 데 그치는 의식이 아닙니다.
일반적으로 행하는 장례절차의 일부가 아닙니다.
돌아가신 분의 영혼이 악도에 빠지지 않고 선도에 들게 하는
진리에 바탕 한 불교의 대표적 의식입니다.

영가에게 청정일념을 챙기게 하고
남은 착심을 녹이게 하는 의식입니다.

헌공금도 영가의 명복을 빌기 위해
법답게 올바른 용처에 쓰여야 합니다.

이런 내용들에 합당해야 하고
관계자들이 성의를 다해야 합니다.
천도의 목적에 충실해야 합니다.

선도수생善道受生 | 육도윤회 중 선도에 태어나는 것. 천도·인도·수라·아귀·축생·지옥의 육도 가운데 주로 인도와 천도에 태어나는 것을 말한다.
헌공獻供 | 법신불사은에 대한 보은의 도리로써 금전이나 물품을 바치는 것. 각종 예식에 헌공하여 공익사업에 활용토록 하는 것이다.
거상居喪 | 상중喪中에 있음. 또는 상중에 입는 상복喪服을 의미하기도 한다.

서로 영결이 되었사오니

07일

예전을 편찬하시며 영결사永訣辭를 지으시니 이러하니라.

"영가시여!
영가의 가지고 있던 그 형체는 지수화풍 사연四緣이 이미 흩어지옵고, 안이비설신의 육근도 이제 그 명색을 감추게 되오니, 이에 따라 영가의 수용하던 재색과 명리가 영가에게는 이미 한 꿈으로 화하였으며, 친근 권속도 전일에 대하던 그 얼굴로는 서로 영결이 되었사오니, 생각한들 무슨 이익이 있으며 애착한들 무슨 실효가 있으리까.
영가의 과거 일생은 고락 영고를 막론하고 이미 다 마쳤사오니, 과거의 세간 애착은 조금도 염두에 남기지 마시옵고, 오직 생멸 거래가 없고 망상 번뇌가 끊어진 본래의 참 주인을 찾아서 미래 세상에 반드시 불과를 얻고 대중을 이익 주며, 금생에 모였던 모든 선연도 불토 극락에 다시 만나서 한 가지 도업을 성취하옵기를 깊이 축원하오며 간절히 부탁하옵나이다."

_ 생사편 13장

간절히 부탁하옵나이다

생멸 거래가 없고,
망상 번뇌가 끊어진 본래의 참 주인공에게는
생도 없고 사도 없습니다만,
영가의 과거 형체는 이미 흩어졌습니다.
땅, 물, 불, 바람으로.
육신을 통해서 할 수 있는 모든 것들은
모두 지나가 버렸습니다.
사랑하던 인연들과도 과거의 모습으로는 다시 만날 수 없습니다.

새로운 세상을 맞이해야 하는 영가께서는
과거의 애착을 비워야 합니다.
마음공부로 마음의 자유를 얻고,
넓은 세상에 은혜를 베푸는 훌륭한 인물로
다시 태어나기를 서원해야 할 때입니다.

과거의 나를 놓아버리고
한 마음을 새롭게 챙겨야 하는 순간입니다.
이 한 마음이 내생을 좌우합니다.

2·7
이재 二齋

깨치지 못한 사람은 생사$_{生死}$라 하고
깨친 사람은 변화$_{變化}$라 한다.

눈을 떴다 감았다

08일

대종사 말씀하시기를
"사람의 생사는 비하건대
눈을 떴다 감았다 하는 것과도 같고,
숨을 들이 쉬었다 내쉬었다 하는 것과도 같고,
잠이 들었다 깼다 하는 것과도 같나니,

그 조만의 차이는 있을지언정
이치는 같은 바로서
생사가 원래 둘이 아니요 생멸이 원래 없는지라,
깨친 사람은 이를 변화로 알고
깨치지 못한 사람은 이를 생사라 하나니라."

_ 천도품 8장

잠이 들었다 깼다

죽음을 자연스럽게 받아들이고,
죽음을 편안하게 맞이하기는 쉽지 않습니다.
두려움과 놀람과 아쉬움과 슬픔,
허망함과 분노 등 수많은 감정에 휩쓸리게 됩니다.
죽음은 가장 큰 절망일 수 있습니다.

하지만 진리를 깨달으신 부처님들은 말씀하십니다.
죽음은 삶과의 완전한 단절이 아니라고.
하나의 큰 변화일 뿐이라고 말씀하십니다.

생과 사가 원래 둘이 아니다.
눈을 떴다 감았다 하는 것과 같다.
숨을 들이 쉬었다 내쉬었다 하는 것과 같다.
잠이 들었다 깨었다 하는 것과 같다고 하십니다.
부처님들의 생사관입니다.

영가께서도 유족들께서도 이 말씀을 깊이 음미하시고
큰 깨달음을 얻으시기 바랍니다.

꽃도 없고 잎도 졌으나

말씀하시기를
"가을을 지낸 과수에는 꽃도 없고 잎도 졌으나,
그 뿌리에 거름을 하고 그 줄기에 소독을 하여 주어야
새 봄에 꽃과 잎이 무성하며 과실도 충실하게 여는 것 같이,

영가를 위하여 재를 지내는 것도
그 육신은 지수화풍이 이미 흩어 졌으나,
그 영근에 정성과 법력으로써 거름을 하고 소독을 하여 주는 격이라,
그 영가가 새 육신을 받는 길에 큰 도움이 되는 것이며,

우리가 수행을 하는 데에도
일 없을 때 준비를 잘하여 놓아야
동할 때에 걸림 없이 잘 활용하게 되나니라."

_ 생사편 11장

새 봄을 위해 거름하고 소독해야

과일나무에 잎이 다 졌어도
농부들의 손길은 여전히 바쁩니다.
뿌리에 거름도 해야 하고
가지치기도 하고 소독도 해줘야 합니다.
한가한 때에도 이렇게 땀 흘리는 이유는
내년 봄이 다시 온다는 것을 알기 때문입니다.
가면 다시 온다는 인과의 이치를 터득하고 있기 때문입니다.

부처님께서는 말씀하셨습니다.
과일나무에만 뿌리가 있는 것이 아니라
영혼에도 뿌리, 영근靈根이 있다고.
과수에 거름하고 소독하듯이
천도재에 정성과 법력을 쏟아 부어야
천도에 도움이 된다고 하십니다.
잘 보이지 않는 인과의 이치를 알려주시려고
부처님께서 쉽고 자세히 당부하고 계십니다.

새 육신을 받는 경로

10일

한 제자 여쭙기를
"영혼이 이 육신을 버리고 새 육신을 받는 경로와
상태를 알고 싶나이다."

대종사 말씀하시기를
"영혼이 이 육신과 갈릴 때에는 육신의 기식氣息이 완전히 끊어진 뒤에 뜨는 것이 보통이나, 아직 육신의 기식이 남아 있는데 영혼만 먼저 뜨는 수도 있으며, 영혼이 육신에서 뜨면 약 칠·칠七七일 동안 중음中陰으로 있다가 탁태되는 것이 보통이나, 뜨면서 바로 탁태되는 수도 있고, 또는 중음으로 몇 달 혹은 몇 해 동안 바람같이 떠돌아다니다가 탁태되는 수도 있는데, 보통 영혼은 새 육신을 받을 때까지는 잠잘 때 꿈꾸듯 자기의 육신을 그대로 가진 것으로 알고 돌아다니다가 한 번 탁태를 하면 먼저 의식은 사라지고 탁태된 육신을 자기 것으로 아나니라."

_ 천도품 13장

중음中陰 | 사람이 죽은 뒤 다음생의 몸을 받아 날 때까지의 영혼의 상태. 중유中有·중온中蘊이라고도 한다.
탁태托胎 | 어머니의 태胎에 생生을 의탁한다는 뜻. 탁생托生·착생着生과 같은 말이다.

잠잘 때 꿈꾸듯

이렇게 구체적인 답을 만나기는 쉽지 않습니다.
특정 종교에 대한 믿음과 불신에 상관없는
생사의 이치에 대한 말씀입니다.

보통의 경우에는 대체로 49일 동안 중음계에 머물다
새로운 육신을 받아 태어나기 때문에
천도재를 49일간 모시는 것입니다.

하지만, 다 그런 것이 아니라,
육신의 완전한 죽음 이전에 영혼이 먼저 뜨기도 하고,
몇 달 혹은 몇 년간 영혼이 떠도는 경우도 있답니다.
그리고 보통 영혼은 새 육신을 받으면
과거의 의식은 기억을 못하게 된다고 합니다.
죽음의 신비이고, 생명의 신비입니다.
윤회의 비밀을 이렇게 밝혀주고 있습니다.

천도재는 이 과정에 있는 영가에게
깨달음과 힘을 주어서 선도를 찾아가게 해주는 의식입니다.

일 점의 영식靈識은

11일

대종사 서울 박람회에서 화재 보험 회사의 선전 시설을 보시고 한 감상을 얻었다 하시며, 말씀하시기를 "우리가 항상 말하기를 생사고락에 해탈을 하자고 하지마는 생사의 원리를 알지 못하면 해탈이 잘 되지 않을 것이니,

만일 사람이 한 번 죽으면 다시 회복되는 이치가 없다고 생각할진대 죽음의 경우를 당하여 그 섭섭함과 슬픔이 얼마나 더하리요. 이것은 마치 화재 보험에 들지 못한 사람이 졸지에 화재를 당하여 모든 재산을 일시에 다 소실한 것과 같다 하리라.

그러나, 그 원리를 아는 사람은 이 육신이 한 번 나고 죽는 것은 옷 한 벌 갈아 입는 것에 조금도 다름이 없을 것이니, 변함에 따르는 육신은 이제 죽어진다 하여도 변함이 없는 소소昭昭한 영식靈識은 영원히 사라지지 아니하고, 또 다시 다른 육신을 받게 되므로 그 일 점의 영식은 곧 저 화재 보험 증서 한 장이 다시 새 건물을 이뤄내는 능력이 있는 것 같이 또한 사람의 영생을 보증하고 있나니라.

그러므로, 이 이치를 아는 사람은 생사에 편안할 것이요, 모르는 사람은 초조 경동할 것이며, 또는 모든 고락에 있어서도 그 원리를 아는 사람은 정당한 고락으로 무궁한 낙을 준비할 것이나, 그렇지 못한 사람은 그러한 희망이 없고 준비가 없는지라 아득한 고해에서 벗어날 기약이 없나니, 생각이 있는 이로 이런 일을 볼 때에 어찌 걱정스럽지 아니하며 가련하지 아니하리요."

_ 천도품 6장

사람의 영생을 보증

죽음이 두려운 것은
모든 것이 무無로 돌아가기 때문입니다.
허무하고 허망하기 그지없기 때문입니다.

그러나, 생사의 이치를 깨친 부처님은 이렇게 말씀하십니다.
생사가 마치 옷 한 번 갈아입는 것 같다고,
이 옷 저 옷 갈아입지만 주인공은 같은 것과 같다고.
그리고 화재 보험 증서만 있으면
건물이 소실된 후에도 다시 건물을 얻을 수 있는 것과 같다고.
밝은 영식, 영혼은 영원히 사라지지 않는다고.

그러니 이 이치를 모르는 사람은
초조하고 불안할 것이지만
이 이치를 아는 사람은 생사의 기로에서도
크게 편안할 수 있는 것이라고 말씀하십니다.

영가께서도 유족과 친지들께서도
생과 사가 둘이 아닌 생사일여生死一如의 이치를 깨달아야 합니다.
이 깨달음이 영생의 보험입니다.
천도재는 그 깨달음의 소중한 법 잔치입니다.

윤회를 자유하는 방법

12일

대종사 말씀하시기를
"사람의 영식이 이 육신을 떠날 때에
처음에는 그 착심著心을 좇아가게 되고,
후에는 그 업業을 따라 받게 되어
한없는 세상에 길이 윤회輪廻하나니,

윤회를 자유하는 방법은
오직 착심을 여의고 업을 초월하는 데에 있나니라."

_ 천도품 11장

착심을 여의고 업을 초월해야

영가에게는 육신이 없기 때문에
영가가 마음먹은 대로 신속히 거래하게 됩니다.
마음을 이끄는 것의 첫째가 착심이니,
착심이 이끄는 대로 좇아가게 됩니다.
착심이 두려운 이유입니다.
착심에 이끌려가서 새 육신을 받은 다음에는
전생에 지은대로 받게 됩니다.
업이 두려운 이유입니다.

살아 있는 사람도 마찬가지입니다.
술꾼이 술 마실 마음을 먹는 순간
술꾼의 발걸음은 술집을 향하게 됩니다.
술집에 가서는 늘 그랬던 것처럼 술을 과음하게 됩니다.
착심과 업의 작용입니다.

마음이 자유로울 수 있는 힘이 있어야
착심과 업의 노예생활에서 벗어날 수 있습니다.
착심에서 벗어나고 업으로부터 자유로울 수 있어야
선도에 다시 태어나고 진급하는 삶을 살 수 있습니다.

특별히 지정한 인연

13일

말씀하시기를
"사람이 서로 진심으로 후세를 약조하면
그대로 되는 수가 흔히 있으나,

인연을 특별히 지정치 않고 대중을 두루 친화하다가
그 영이 사심 없이 뜨고 보면 모두 친절한지라
아무에게라도 적당한 인연 기회 있는 대로 수생을 하게 되지마는

편착으로 특별히 지정한 인연은 거기에서 기회가 어긋나면
그 착을 따라 그 인연의 주위에서 좋지 못한 수생을 하기 쉽나니라."

_ 생사편 31장

좋지 못한 수생을 하기 쉽나니라

"다음 생에 꼭 다시 만날 거야."
"이 원한을 죽어서라도 갚고 말거야."
이런 말은 하지 않는 것이 좋습니다.
말이 씨앗이 되고, 그 마음이 씨앗이 되어
영혼을 이끌고 가기 쉽다고 하십니다.
자칫하면 그 사람 곁에서 잘못된 악도에 태어날 수 있으니
조심해야 한다고 하십니다.

오히려 평소에 두루두루 상생의 선연을 맺으며 살고
열반 시에도 특별한 인연을 지정하지 않으면
밝고 밝은 진리가 알아서 인도해주실 것입니다.

사적인 삶이 아니라, 두루두루 원만하게
잘 사는 삶이 내생에도 큰 도움이 됩니다.

섣부른 사적인 약속은 오히려 화를 불러올 수 있습니다.
그냥 마음을 텅 비우고 진리에 맡겨야 합니다.
편안한 마음으로.

생사 거래

14일

말씀하시기를
"생사 거래에 세 가지 근기의 차가 있나니,
하나는 애착 탐착에 끌려서 거래하는 근기라,
가고 오는 길에 정견을 하지 못하고 항상 전도가 되어
닥치는 대로 수생하여 취생몽사하며
또는 원한이나 증오에 끌려 악도에 타락함이요,

둘은 굳은 원력을 세우고 거래하는 근기니,
정법 회상에 철저한 신념과 발원을 가지고
평소에 수행을 하며 최후의 일념을 청정히 하면
오나가나 부처님 회상에 찾아 드는 것이
마치 자석에 쇠가 따르는 것 같이 됨이요,

셋은 마음의 능력으로써 생사를 자유하는 근기니,
이는 철저한 수행의 결과 삼대력을 원만히 얻은 불보살 성현들이
육도 거래를 임의로 하심이니라."

_ 생사편 2장

세 가지 근기

부모님이 아이에게 심부름을 시킵니다.
친척집에 물건을 갖다 주고 오라고 합니다.
옆도 뒤도 돌아보지 않고 곧바로 심부름을 다녀오는 아이도 있고,
가는 길에 한눈을 파느라고 한참 걸려서 심부름을 다녀오는 아이도 있죠.
유혹이 많아서 곁눈질을 하다가도 정신을 차려서 심부름을 다녀오는 아이죠.
그런가 하면 2시간, 3시간이 지나도 감감 무소식인 아이도 있죠.
게임방에서 게임에 빠져서 심부름을 까맣게 잊어버린 경우죠.
부모님이 찾으러 가지 않으면 자칫 잘못될 수 있는 아이입니다.

영가도 마찬가지입니다. 아이의 심부름과 다르지 않죠.
결국 목적지에 다녀오는 것은 같습니다.
마음먹은 대로, 자신의 의지대로 거래할 수 있어야 합니다.
법문의 세 가지 근기 가운데
어떤 근기에 해당되는지 엄중하게 돌아보아야겠습니다.
마음의 힘이 있어야 자유로이 생사를 거래할 수 있습니다.

7·7 천도재는 한 눈을 팔 수 있는 아이에게
마음을 챙기고 정신을 차리라는 것과 같습니다.
길을 잃기 쉬운 아이에게 부모가 힘이 되어주듯이
명로에서 길을 잃기 쉬운 영가에게 부처님의 자비 손길로,
진리의 광명으로 길을 비춰주는 것이 바로 천도재입니다.

3·7
삼재 三齋

다만 그 몸과 위치를 바꿀 뿐이요,
다른 세상이 따로 있는 것이 아니니라.

다만 그 몸과 위치를 바꿀 따름

15일

대종사 말씀하시기를
"세상 말이
살아 있는 세상을 이승이라 하고
죽어 가는 세상을 저승이라 하여
이승과 저승을 다른 세계 같이 생각하고 있으나,

다만 그 몸과 위치를 바꿀 따름이요
다른 세상이 따로 있는 것이 아니니라."

_ 천도품 10장

다른 세상이 따로 있는 것이 아니니라

단순 명쾌하게 말씀하십니다.
우리는 다시 태어나고 또 다시 태어나며,
다른 곳이 아니라 이 세상에 다시 태어난다고.

하지만 내가 마음먹은 대로
또는 내가 지은 과거의 업대로
새 몸을 받고 새 환경에 태어나는 것이죠.

마음을 열어 세상을 넓게 둘러봅시다.
이 곳이 바로 이승이며 저승이고,
이 곳이 바로 극락이고 지옥입니다.
삼천대천세계가 이곳에 있으니
생사거래에 어찌 유념하지 않을 수 있겠습니까?

죽어도 그 영혼
살아도 그 영혼

16일

대종사 신년식에서 대중에게 말씀하시기를
"어제가 별 날이 아니고 오늘이 별 날이 아니건마는,
어제까지를 일러 거년이라 하고
오늘부터를 일러 금년이라 하는 것 같이,
우리가 죽어도 그 영혼이요 살아도 그 영혼이건마는
죽으면 저승이라 하고 살았을 때에는 이승이라 하나니,

지·수·화·풍 사대(四大)로 된 육체는
비록 죽었다 살았다 하여 이 세상 저 세상이 있으나
영혼은 영원불멸하여 길이 생사가 없나니,

그러므로 아는 사람에 있어서는
인생의 생·로·병·사가 마치 춘·하·추·동 사시 바뀌는 것과 같고
저 생(生)과 이 생이 마치 거년과 금년 되는 것 같나니라."

_ 천도품 16장

자연스러운 변화

이 법문을 한 번 읽고, 두 번 읽고, 세 번 읽어
마음 깊이 새겨 보십시오.
죽음의 공포가 눈 녹듯 사라집니다.
죽음을 맞이하는 마음가짐과 태도가 달라집니다.
그리고 살아가는 마음가짐과 태도도 달라집니다.

봄, 여름, 가을, 겨울로 사시 순환하는 것,
얼마나 자연스러운 변화인가요?
인간의 생로병사도 그와 같다고 하십니다.
그대로 있는 것이 하나도 없는 것 같지만
무상無常 속에 담긴 유상有常,
변하지 않는 그 것을 유념하라고 하십니다.
거기에는 가고 옴도 없고 죽고 남도 없습니다.
어제와 내일, 이승과 저승이 하나입니다.

이 소식을 얻어야 비로소 참다운 천도재가 됩니다.
진정한 영혼의 자유를 누릴 수 있습니다.

염라국과 명부사자

17일

대종사 선원 대중에게 말씀하시기를
"그대들은 염라국閻羅國과 명부사자冥府使者를 아는가.
염라국이 다른 데가 아니라 곧 자기 집 울타리 안이며
명부 사자가 다른 이가 아니라 곧 자기의 권속이니,

어찌하여 그런고 하면
보통 사람은 이 생에 얽힌 권속의 정애情愛로 인하여
몸이 죽는 날에 영이 멀리 뜨지 못하고
도로 자기 집 울 안에 떨어져서
인도 수생의 기회가 없으면 혹은 그 집의 가축도 되며
혹은 그 집안에 곤충류의 몸을 받기도 하나니,

그러므로 예로부터 제불 조사가 다
착 없이 가며 착 없이 행하라고 권장하신 것은
그리하여야 능히 악도에 떨어지는 것을 면할 수 있기 때문이니라."

_ 천도품 18장

자기 집, 자기 권속

사람이 죽은 다음에 명부사자에게 끌려가서
무서운 염라대왕님 앞에서 심판을 받는다는 이야기는
우리에게 아주 익숙한 이야기입니다.
이 이야기를 소태산 대종사님께서 사실적으로 해석해주십니다.

영혼은 착심에 따라가기 때문에,
평생 정이 든 가족들이나 집에 착심이 있다면
그 인연과 장소가 명부사자와 염라국의 역할을 하게 된다는 것입니다.

착심이란
하늘을 나는 새에 달린 무거운 돌과 같습니다.
새가 자유롭게 날려면 걸리고 막힘이 없어야 합니다.
생전에 정든 인연들에 대한 애착심愛着心,
땀 흘려 모아놓은 재물에 대한 탐착심貪着心,
섭섭하고 원망스러운 마음인 원착심怨着心,
이런 마음들을 비워야
완전한 해탈 천도를 받을 수 있습니다.

자칫하면 사랑도 굴레가 됩니다.
서로를 위해주고 자유롭게 하는 온전한 사랑이어야 합니다.

참 몸 참 마음

18일

최도화 崔道華 영가에게 고하시기를
"사람의 육신은 지수화풍 네 가지 인연이 합했다 흩어졌다 하는 것이요,
사람의 마음은 희로애락애오욕 喜怒哀樂愛惡欲 의
일곱 가지 뜻이 일어났다 가라앉았다 하는 것이니,

이것은 모두 거짓된 몸 거짓된 마음이요,
그 가운데 오직 맑고 조촐하여 생멸과 거래가 없는 중에
영령하고 소소하여 능히 만법의 근본이 되는
참 몸 참 마음이 있나니,
이것이 이른 바 자성 광명이라,

삼타원 영가시여 이것을 아시는지요,
오직 여기에 의지하여 미래의 서원을 세우시며
미래의 인연을 찾고 지으시기를 심축하는 바입니다."

_ 생사편 23장

자성 광명

옷을 바꿔 입는다고 내가 변하는 것은 아닙니다.
지·수·화·풍, 살과 뼈와 피로 이뤄진 내 몸은
마치 옷과 같아서 변화되지만 참 몸은 아닙니다.
기쁘고 성내고 슬퍼하고 즐거워하는 변화무쌍한 감정도
참 마음이 아닙니다.
거짓된 몸과 거짓된 마음에 속지 말라고 하십니다.

그 가운데 맑고 조촐하여
태어남도 죽음도 없고 오고 감도 없는
신령스럽게 빛나는 자성의 광명을 보라고 하십니다.
그래야 천만경계, 파란고해의 파도가 일시에 잠들어버리고
애착, 탐착, 원착 온갖 욕심과 감정의 찌꺼기가
화로에 눈 녹듯이 사라질 것입니다.

내 성품의 광명이 부처님의 광명이고 진리의 광명입니다.
이 법신불의 광명이 어두운 길을 밝혀주는 구원의 빛입니다.

가고 오는 길

19일

말씀하시기를
"사람의 영식이 최후의 일념을 확실히 챙기며
청정한 마음으로 구애 없이 떠난즉
가고 오는 길에 매함이 없으나,

그렇지 못한 영은
그 영로에 미혹이 많나니,
더욱 천도 행사가 필요하나니라."

_ 생사편 5장

일념을 확실히 챙겨야

나그네에게는 목적지가 없습니다.
길을 나섰지만 갈 곳이 마땅치 않습니다.
누가 내게 잠시 친절을 베푼다고
거기가 내가 있을 곳은 아닙니다.
길이 좀 거칠다고 해서
그 길을 피해가야 하는지도 알 수 없습니다.

정처 없는 나그네가 되어서는 곤란합니다.
길을 나서기 전에 목적지를 정해야죠.
영로靈路란 가장 중요한 여행길입니다.
이 생을 마치고 다음 생에 이르는 길입니다.
목적지를 분명히 해야 하고
마음을 정했으면 변치 말아야 합니다.

그래야 명로冥路가 아니라 명로明路가 될 것입니다.
어두운 길이 아니라 밝은 길이 될 것입니다.

길을 잘 모르겠거든
가장 위대한 안내자인
부처님께, 성현님들께 여쭤보시기 바랍니다.

어떠한 이익이 있나이까?

20일

박제봉 朴濟奉이 여쭙기를
"칠·칠 천도재 薦度齋나 열반 기념의 재식을 올리는 것이
그 영에 대하여 어떠한 이익이 있나이까."

대종사 말씀하시기를
"천지에는 묘하게 서로 응하는 이치가 있나니,
사람이 땅에 곡식을 심고 비료를 주면
땅도 무정한 것이요, 곡식도 무정한 것이며,
비료도 또한 무정한 것이언마는,
그 곡출에 효과의 차를 내나니,
무정한 곡식도 그러하거든
하물며 최령한 사람이 어찌 정성에 감응이 없으리요.

모든 사람이 돌아간 영을 위하여
일심으로 심고를 올리고 축원도 드리며
헌공도 하고 선지식의 설법도 한즉,
마음과 마음이 서로 통하고 기운과 기운이 서로 응하여,
바로 천도를 받을 수도 있고,
설사 악도에 떨어졌다 하더라도 차차 진급이 되는 수도 있으며,

또는 전생에 많은 빚을 지고 갔을지라도
헌공금(獻貢金)을 잘 활용하여 영위의 이름으로 공중 사업을 하여 주면
그 빚을 벗어 버리기도 하고
빚이 없는 사람은 무형한 가운데 복이 쌓이기도 하나니,
이 감응되는 이치를 다시 말하자면
전기와 전기가 서로 통하는 것과 같다 하리라."

_ 천도품 29장

어찌 정성에 감응이 없으리요

우리는 아무 의심도 없이 농사를 짓습니다.
땀 흘려 씨를 뿌리고 거름을 합니다.
그 결과를 의심치 않습니다.
우리는 아무 의심 없이 텔레비전을 봅니다.
지구 반대편의 영상이 실시간으로 방송되는 것을
너무나 당연하게 받아들이죠.
무형한 전기, 무형한 전파가 하는 일입니다.

마음과 마음도 마찬가지입니다.
말없이 보고만 있어도 상대의 마음이 느껴지곤 하지요.
멀리 떨어져 있어도 그 사람의 마음을 알 수 있습니다.
마음과 마음은 묘하게 서로 통합니다.
그래서 이심전심以心傳心이라고 하나봅니다.

천도재의 효과에 대한 의문을 가진 제자에게
소태산 대종사님은 설명하십니다.
마치 무형한 전기와 전기가 서로 통하는 것과 같다고.
결코 헛된 것이 아니라고.
돌아가신 분을 위해서 심고를 올리고 축원을 하는 것도
결코 헛된 것이 아니고.
돌아가신 분을 위해서 헌공을 하는 것도

결코 헛된 것이 아니고,
법 높으신 분들이 설법을 하는 것도
결코 헛된 것이 아니라고.

부처님들이 늘 강조하시는 것이 바로 인과의 이치입니다.
원인이 있으면 반드시 결과가 있고,
어떤 결과에는 반드시 원인이 있다는 것이죠.
하물며 정성을 다해서 올리는 천도재에 효과가 없다고 한다면
천지에 가득 찬 인과의 진리를 깨닫지 못한 것이죠.

천도재라는 허공 씨앗은 놀라운 열매를 맺어줍니다.
악도에 떨어진 영가를 차차 진급의 길로 구원해주고,
전생에 진 빚을 가볍게 해주고 복을 짓게 해줍니다.

더 나아가 인과의 이치에 의하면
영가를 위해 올리는 정성만큼 유족들에게도 선업이 돌아옵니다.
이 이치를 조금이라도 안다면
천도재에 정성을 다하지 않을 수 없습니다.
가을의 풍년을 꿈꾸는 농부는
겨울과 봄과 여름에도 할 일이 많습니다.
인과의 이치를 알고 있기 때문입니다.

제일 큰 보물

21일

말씀하시기를
"열반을 앞두고 갖추어야 할 보물 세 가지가 있나니,
하나는 공덕이요,
둘은 상생의 선연이요,
셋은 청정한 일념인 바,
그 중 가장 중요한 것이 청정 일념이니라.

아무리 공덕을 쌓고 선연을 맺었다 하더라도
평소에 공부 없는 사람은 이것이 다
아상이나 착심의 자료로 화하기 쉽나니,
공수래 공수거의 원리를 철저히 깨달아
최후 일념을 청정하게 하는 것이
제일 큰 보배가 아니고 무엇이리요."

_ 생사편 9장

청정 일념

뿌린대로 거둔다는 인과의 진리에 의하면
생전에 공덕을 많이 쌓은 영가의 앞날은 좋을 수밖에 없습니다.
상생의 선연을 많이 쌓은 영가 역시
그 선연 따라 새 몸을 받기 쉽기 때문에
내생길이 좋습니다.

하지만,
평소에 마음공부를 제대로 못한 경우에는
이 공덕과 선연이 굴레와 걸림돌이 될 수 있습니다.
부처님들께서 걱정하시는 바입니다.

떠날 때에는 단호하게,
공수래 공수거 空手來空手去
빈손으로 왔다가 빈손으로 간다는 마음가짐으로
오직 한 마음을 덩 비워서
청정일념에 머무르는 것이 가장 긴요합니다.

금싸라기도 눈에 들어가면 한낱 티끌일 뿐입니다.

4·7
사재 四齋

착심에 묶인 바가 없으니
그 거래가 자유롭도다.

아주 없어지는 것은 없고

22일

대종사 말씀하시기를
"세상의 유정有情 무정無情이 다 생의 요소가 있으며
하나도 아주 없어지는 것은 없고 다만 그 형상을 변해 갈 따름이니,
예를 들면 사람의 시체가 땅에서 썩은즉 그 땅이 비옥하여
그 근방의 풀이 무성하여질 것이요,
그 풀을 베어다가 거름을 한즉 곡식이 잘 될 것이며,
그 곡식을 사람이 먹은즉 피도 되고 살도 되어
생명을 유지하며 활동을 하게 될 것이니,

이와 같이 본다면 우주 만물이 모두 다
영원히 죽어 없어지지 아니하고
저 지푸라기 하나까지도 백억 화신을 내어
갖은 조화와 능력을 발휘하나니라.

그러므로, 그대들은 이러한 이치를 깊이 연구하여
우주 만유가 다 같이 생멸 없는 진리 가운데
한량없는 생을 누리는 것을 깨쳐 얻으라."

_ 천도품 15장

다만 그 형상만 변해갈 따름

구름이 끼었다가 비가 왔다가
천둥 번개가 쳐도
하늘은 늘 그 하늘입니다.

온갖 풀들이 돋아나고 꽃을 피우고
시들어 사라져도
이 산하대지는 늘 그 산하대지입니다.

내가 비쳤다가
지나가는 강아지가 비쳐도
거울은 그 거울입니다.
때가 끼고 먼지가 껴도 본래 거울은 그대로 입니다.

우주만물은 한시도 그대로 머물지 않으며
생멸성쇠 합니다.
그런 가운데 변치 않고 여여(如如)합니다.

부처님들께서는 말씀하십니다.
생멸없는 진리를 깨달아 한량없는 생을 누리라고.
한량없는 생을 얻으면
편안하고 여유롭고 자유롭다고.

참된 위력

23일

한 제자 여쭙기를
"예로부터 자녀나 친척이나 동지된 사람이 자기 관계인의 영을 위하여 혹 불전에 헌공도 하고 선지식을 청하여 설법과 송경도 하게 하옵는 바 그에 따라 어떠한 효과가 나타나오며 그 정성과 도력의 차등에 따라 그 효과에 어떠한 차이가 있사오리까."

대종사 말씀하시기를
"영을 위하여 축원을 올리고 헌공을 하는 것은 그 정성을 표함이니, 지성이면 감천으로 그 정성의 등급을 따라 축원한 바 효과가 나타나게 되는 것이며, 또는 설법을 하여 주고 송경을 하여 주는 것도 당시 선지식의 도력에 따라 그 위력이 나타나는 것이니,

혹은 과거에 지은 악업을 다 받은 후에야 자기도 모르는 가운데 선도에 돌아오기도 하며, 혹은 모든 업장을 벗어나서 바로 선도에 돌아오기도 하며, 혹은 앞 길 미한 중음계에서 후생 길을 찾지 못하다가 다시 찾아 가기도 하며, 혹은 잠간 착에 걸려 있다가 그 착심을 놓아 버리고 천상 인간에 자유하여 복락 수용을 하는 수도 있으나,

만일 자녀의 정성이 특별하지 못하고 선지식의 도력이 부족하다면 그 영근靈根에 별스러운 효과를 주지 못하게 되나니, 어찌하여 그런고 하면 지극한 정성이 아니면 참된 위력이 나타나지 아니하는 것이, 비하건대 농부가 농사를 지을 때에 그 정성과 역량을 다들이지 아니하면 곡출이 적은 것과 서로 같나니라."

_ 천도품 30장

지성이면 감천

영가를 위해 천도재를 올려드리는 것은
참으로 천만다행한 일입니다.
소태산 대종사님께서는 천도재의 효과를 묻는 사람에게
정성에 따라 역량에 따라 다르다고 말씀하십니다.
농부가 농사를 지을 때 정성과 역량을 다해야
풍성한 결과를 얻는 것과 같다고 하십니다.
농사를 짓는 능력이 있어야 하고
농사의 능력이 있어도 정성을 다해야만 하는 것입니다.

돌아가신 분을 위해
이 세상에 남은 인연들이 할 수 있는 일 가운데
가장 중요한 것이 천도재라면
이 천도재에 정성과 역량을 남김없이 쏟아부어야겠습니다.
지성至誠이면 감천感天입니다.

아주 힘이 들어 누군가의 도움이 필요할 때가 있습니다.
작은 도움으로도 엄청난 결과의 차이가 날 수 있습니다.
그런 때 손을 내밀어 도움을 주면 그 공덕이 클 수밖에 없죠.

어두운 길을 갈 때는 희미한 손전등도 큰 힘이 됩니다.
달이라도 뜨면 더 말할 나위가 없죠.
천도재는 어려운 순간에 내미는 도움의 손길과 같고
어두운 길을 밝히는 달님과 같습니다.
더구나 부처님의 손길과 부처님의 광명이니….
우리가 할 일은 정성을 다하는 것뿐입니다.

생사 자유

24일

또 여쭙기를
"사람이 죽은 후에는 유명幽明이 서로 다르온데 영식만은 생전과 다름없이 임의로 거래할 수 있나이까."

대종사 말씀하시기를
"그 식심識心만은 생전 사후가 다름이 없으나 오직 탐·진·치에 끌린 영과 탐·진·치를 조복 받은 영이 그 거래에는 다름이 있나니, 탐·진·치에 끌린 영은 죽어 갈 때에 착심에 묶인 바가 되어 거래에 자유가 없고, 무명의 업력에 가리워서 착심 있는 곳만 밝으므로 그 곳으로 끌려가게 되며, 몸을 받을 때에도 보는 바가 모두 전도되어, 축생과 곤충 등이 아름답게도 보여서 색정色情으로 탁태하되 꿈꾸는 것과 같이 저도 모르게 입태하며, 인도 수생의 부모를 정할 때에도 색정으로 상대하여 탁태하게 되며,

혹 무슨 결정보決定報의 원을 세웠으나 사람 몸을 받지 못할 때에는 축생이나 곤충계에서 그에 비슷한 보를 받게도 되어, 이와 같이 생사에 자유가 없고 육도 윤회에 쉴 날이 없이 무수한 고를 받으며, 십이 인연十二因緣에 끌려 다니나니라.

그러나, 탐·진·치를 조복 받은 영은 죽어 갈 때에 이 착심에 묶인 바가 없으므로 그 거래가 자유로우며, 바르게 보고 바르게 생각하여 정당한 곳과 부정당한 곳을 구분해서 업에 끌리지 않으며, 몸을 받을 때에도 태연자약하여 정당하게 몸을 받고, 태중에 들어갈 때에도 그 부모를 은의로 상대하여 탁태되며, 원을 세운 대로 대소사간에 결정보를 받게 되어, 오직 생사에 자유하고 육도 윤회에 끌리는 바가 없이 십이 인연을 임의로 궁글리고 다니나니라."

_ 천도품 36장

거래 자유

우리 삶이 어디로 가고 있나요?
마음이 가는 데로 가고 있습니다.
여러 가지 다른 대답도 가능하겠지만
부처님의 가르침에 따른다면
마음이 운명을 좌우하고,
마음의 행로가 인생의 행로가 되는 것입니다.

지금 이 순간에도
내 삶과 운명은 내 마음 먹기에 따라 달라지고 있습니다.
더구나, 육신을 벗어난 영가의 가고 옴은
그 마음에 달린 것입니다.
어떤 착심이 있다면 쏜살 같이 거기로 갈 것이고,
바르게 보지 못하고 전도몽상에 빠져 악도에 들기 십상입니다.

탐심·진심·치심을 항복 받고,
어떤 착심에도 물들지 않은 조촐한 청정일념을 유지해야
우주만유를 관통하는 신령스러운 진리에 따라
잘 태어나고 잘 살게 됩니다.
지금 마음이 어디로 가고 있는지 똑똑히 챙겨야 하는 이유입니다.

마음을 자유 할 수 있다면,
거래를 자유 할 수 있을 것이고,
거래를 자유 할 수 있다면,
생사도 자유 할 수 있을 것입니다.

가까운 인연

25일

또 여쭙기를
"어떠한 연유로 하여 가까운 인연이 되나이까."

대종사 말씀하시기를
"중생들은
보통 친애하는 선연과 미워하는 악연으로
가까운 인연을 맺게 되나

불보살들은
중생을 제도하기 위하여
자비로 모든 인연을 가까이 맺으시나니라."

_ 천도품 37장

불보살의 자비인연

누군가를 마음속으로 좋아하면
언젠가는 그 사람을 만나게 되든지, 그 사람과 인연이 맺어지게 됩니다.
가까이 있는 사람도 싫어하면
언젠가는 서로 먼 인연이 되고 맙니다.
눈에 보이지 않는 마음의 힘은 반드시 결과를 가져옵니다.

중생들의 인연 맺기는
좋아하거나, 싫어하거나, 둘 중에 하나입니다.
바람직하지 않습니다.
특히 영가에게는 텅 빈 마음이 소중합니다.
좋아함도 마음의 힘이고, 싫어함도 마음의 힘이기 때문에
그 힘에 의해 선연 또는 악연을 맺기 쉽습니다.

우리도 부처님처럼 좋고 싫음에 끌리지 않고
자비로운 마음으로 인연을 맺어야겠습니다.
두루두루 편안하고 은혜로운 관계로
상생의 선연으로 인연 꽃이 피게 해야겠습니다.

만나는 인연마다 상생 선연이 된다면
거기가 불국토요, 광대무량한 낙원일 것입니다.

천도의 가장 큰 요건

26일

박제권 朴濟權이 묻기를
"무엇이 천도의 가장 큰 요건이 되나이까."

답하시기를
"서원 일심과 청정 일념이니라."

또 묻기를
"어떠한 것이 서원이며, 어떻게 하여야 청정해 지나이까."

답하시기를
"욕심을 떠나 마음을 발함이 서원이요,
밉고 사랑스러운 데 끌리지 아니하면 청정해 지나니라.
離慾發心曰誓願이욕발심왈서원 不着憎愛曰淸淨불착증애왈청정"

_ 생사편 8장

서원일심, 청정일념

서원이란 맹세코 원하는 마음입니다.
어떤 상황에서도 변하지 않는 마음이고,
최종 목표입니다.
반드시 내가 이루고자 하는 것이죠.

내가 지금 제주도에 있어도
백두산에 가고야 말겠다는 굳은 마음이 있다면
이 사람은 반드시 언젠가는 목적지에 도달합니다.
내가 지금 절망 속에 있어도
내 마음이 희망을 향하면 내 삶은 희망으로 갑니다.
내가 지금 욕심에 빠져 허덕여도
거룩한 삶을 꿈꾼다면 내 삶은 거룩하게 변화합니다.
이것이 마음의 힘입니다.

영가들도 마찬가지입니다.
간절한 한 마음이 소중합니다.
진정한 서원이란 욕심을 떠나서 발한 마음입니다.
부처를 이루고, 세상을 널리 이롭게 하겠다는 마음이죠.
그런 거룩한 마음이 새로운 삶을 열어줄 것입니다.
감정과 욕심에 물들고는 이런 서원을 가질 수 없으니,
청정일념이 서원의 짝이 되는 이유일 것입니다.

업보를 멸도시키는 방법

27일

김광선이 열반하매 대종사 눈물을 흘리시며,
대중에게 말씀하시기를
"팔산(八山)으로 말하면 이십 여 년 동안 고락을 같이 하는 가운데
말할 수 없는 정이 들었는지라
법신은 비록 생·멸·성·쇠가 없다 하나,
색신은 이제 또 다시 그 얼굴로 대하지 못하게 되었으니
그 어찌 섭섭하지 아니하리요.

내 이제 팔산의 영을 위하여 생사 거래와
업보 멸도(滅度)에 대한 법을 설하리니
그대들은 팔산을 위로하는 마음으로 이 법을 더욱 잘 들으라.
그대들이 이 말을 듣고 깨달음이 있다면
그대들에게 이익이 있을 뿐 아니라 팔산에게도 또한 이익이 되리라.
과거 부처님 말씀에 생멸 거래가 없는 큰 도를 얻어 수행하면
다생의 업보가 멸도된다 하셨나니,
그 업보를 멸도시키는 방법은 이러하나니라.

누가 나에게 고통과 손해를 끼쳐 주는 일이 있거든
그 사람을 속 깊이 원망하거나 미워하지 말고
과거의 빚을 갚은 것으로 알아 안심하며 또한 그에 대항하지 말라.
이편에서 갚을 차례에 져 버리면 그 업보는 쉬어버리나니라.
또는 생사 거래와 고락이 구공한 자리를 알아서
마음이 그 자리에 그치게 하라.
거기에는 생사도 없고 업보도 없나니,
이 지경에 이르면 생사 업보가 완전히 멸도되었다 하리라.”

_ 천도품 28장

갚지 말고 구공俱空한 자리에 그치라

정든 제자를 눈물로 떠나보내며 해주신 말씀입니다.

삶과 죽음에서 자유로워지고
과거의 업보에서 자유로워지려면 이렇게 해야 한다고 하십니다.

원망하지 말아라.
누가 내게 고통과 손해를 끼쳐도
원망하거나 미워하지 말라고,
과거의 빚을 갚는 것으로 알라고 하십니다.

갚지 말아라.
복수하거나 되갚지 말라고 하십니다.

없는 자리에 머물라.
생사거래도 없고, 고통과 즐거움도 모두 비어버린
모두 공空한 그 자리를 보아서 그 자리에 머물라고 하십니다.

천도의 요결이 되는 말씀입니다.
영가만이 아니라
우리 모두가 실천해야 할 부처님의 마음가짐이고,
부처님의 삶의 방식입니다.

서원성불제중 誓願成佛濟衆
귀의청정일념 歸依淸淨一念

28일

부친의 임종이 가까우신지라,
한 귀의 송頌으로써 최후를 부탁하시니

"서원성불제중誓願成佛濟衆 귀의청정일념歸依淸淨一念"이라,

번역하면
"부처 되어 제중하기 서원하시고 청정한 한 생각에 귀의하소서."

_ 생사편 20장

최후의 부탁

청정법신불, 부처님께서는
우리 모두를 샅샅이 뚫어보고 계십니다.
말하지 않아도 이미 아십니다.

우리 마음이 간절히 원하고 있는 것이 무엇인지 보아서
거기에 응답하십니다.
영가께서는 진심으로 무엇을 원하시나요?
부처님의 인격을 이루고
만 중생을 구원하시려는 서원을 가져주십시오.
가장 고귀한 마음가짐이기 때문입니다.
가장 큰 지혜와 복락의 길이기 때문입니다.
영생토록 대진급의 길로 이끌어주는 한 마음이기 때문입니다.

그리고 모든 분별과 걱정 근심을 놓으십시오.
본래 맑은 그 한 마음에 머무시면 됩니다.
맑은 한 마음에 새 길이 열립니다.
이 한 마음을 챙기면 여기에 더할 것은 없습니다.
이 한 마음으로 충분합니다.
정산 종사님께서 당신의 부친에게 올려드린 법문입니다.
천도의 핵심이 담긴 법문입니다.
이보다 더 간결할 수는 없습니다.

5·7
오재 五齋

부처님 정법에 한 번 인연 맺는 것이
영겁에 성불할 좋은 종자가 되나니라.

성불할 좋은 종자

29일

대종사 말씀하시기를
"정성과 정성을 다하여
항상 심지가 요란하지 않게 하며,
항상 심지가 어리석지 않게 하며,
항상 심지가 그르지 않게 하고 보면
그 힘으로 지옥 중생이라도 천도할 능력이 생기나니,

부처님의 정법에 한 번 인연을 맺어 주는 것만 하여도
영겁을 통하여 성불할 좋은 종자가 되나니라."

_ 천도품 27장

부처님 정법 인연

어떤 경계, 어려운 상황 속에서도 마음이 요란하지 않고,
어떤 경계 속에서도 마음이 어리석지 아니하고,
어떤 경계 속에서도 마음이 그르지 않게 하는 것이,
마음공부의 핵심이고, 성불의 핵심이고, 천도의 핵심입니다.

부처님께서는 삶과 죽음을 하나로 보시기에
산 사람에게나 열반에 든 영가에게나 같은 가르침을 주십니다.
이렇게 마음 챙겨서 공부하면 된다고,
모든 게 해결된다고.
그리고 이 천도재로 인해 부처님 바른 가르침에
인연을 한 번 맺는 것만으로도 성불의 종자가 된다고 말씀하십니다.

부처님과 인연이 되지 않고,
어찌 부처님의 가르침대로 살 수 있으며,
그렇게 살지 않고 어떻게 고통에서 벗어날 수 있을 것이며,
마음의 자유를 얻고, 마음의 힘을 얻을 수 있겠습니까?

천도재를 통해 부처님과의 인연,
부처님의 바른 가르침과의 인연을 돈독히 해야겠습니다.
영원히 은혜로운 거룩한 인연입니다.

선도수생善道受生

30일

말씀하시기를
"욕심과 착심이 많을수록
그 영식靈識이 높이 솟지 못하고
악도에 떨어지게 되나니,

마치 탁하고 무거운 것은 아래로 가라앉는 것 같고,
욕심과 착심이 없을수록 그 정신이 높이 솟아서
선도에 수생하게 되나니,
마치 맑고 가벼운 것이 높이 오르는 것 같나니라."

_ 생사편 4장

선도善道 | 삼선도三善道를 줄여서 부르는 말. 축생·아귀·지옥을 삼악도라 하는데 대하여, 천도·인도·수라를 삼선도라 한다.
악도惡道 | 현세에서 악업을 지은 결과로 장차 받게 될 고통의 세계. 육도세계 중에서 지옥도·아귀도·축생도를 말한다.

욕심과 착심이 없을수록

흙탕물을 유리잔에 담아봅니다.
뿌옇기만 합니다.
혼탁해서 보이는 게 없습니다.

유리잔을 가만히 그대로 두고 기다립니다.
뿌연 흙은 아래로 가라앉고
맑은 물이 위에 남습니다.
이 맑은 물은 투명해서 모든 것을 비춥니다.

영혼도 마찬가지입니다.
맑아야 하고 가벼워야 합니다.
욕심과 착심은 영혼을 무겁게 가라앉혀서
악도로 끌고 갑니다.

천도재는 고인의 영혼을 맑게 하고
가볍게 하는 최상의 의식입니다.
영가도 우리도 욕심과 착심을 비우고
한없이 맑고 투명해지는 천도재가 되어야겠습니다.

마음을 깨쳐 알고
행을 바르게 하면

31일

대종사 야회에 출석하사
등불 아래로 대중을 일일이 내려다보시며 말씀하시기를
"그대들의 기운 뜨는 것이 각각 다르나니
이 가운데에는 수양을 많이 쌓아서
탁한 기운이 다 가라앉고 순전히 맑은 기운만 오르는 사람과,
맑은 기운이 많고 탁한 기운이 적은 사람과,
맑은 기운과 탁한 기운이 상반되는 사람과,
탁한 기운이 많고 맑은 기운이 적은 사람과,
순전히 탁한 기운만 있는 사람이 있도다." 하시고,

또 말씀하시기를
"사람이 욕심이 많을수록 그 기운이 탁해져서 높이 뜨지 못하나니,
그러한 사람이 명을 마치면 다시 사람의 몸을 받지 못하고
축생이나 곤충의 무리가 되기도 하며,

또는 욕심은 그다지 없으나
안으로 수양과 밖으로 인연 작복을 무시하고
아는 데에만 치우친 사람은
그 기운이 가벼이 뜨기는 하나 무게가 없으므로
수라修羅나 새의 무리가 되나니라.

그러므로, 수도인이 마음을 깨쳐 알고,
안 뒤에는 맑게 키우고 사邪와 정正을 구분하여 행을 바르게 하면
마침내 영단을 이루어 육도의 수레바퀴에 휩쓸리지 아니하고
몸 받는 것을 마음대로 하며,
색신을 벗어나서 영단만으로 허공 법계에 주유周遊하면서
수양에만 전공하는 능력도 갖추나니라."

_ 천도품 26장

몸 받는 것을 마음대로

사람은 각각 기운이 다르고
영혼도 각각 기운이 다릅니다.

그 기운이 얼마나 탁한지
얼마나 맑은지에 따라
사람은 삶의 행로가 달라지고
영가는 영로가 달라집니다.

너무 욕심이 많은 경우에는
사람 몸을 받지 못할 수도 있고
짐승이나 곤충의 무리가 되는 수도 있다고 경고하십니다.
크게 걱정할 일입니다.
또는 아는 것에만 치우쳐서
바른 삶을 살지 못한 경우에는

수라나 새의 무리가 되기도 한다고 하십니다.
반대로 마음공부로 마음의 힘을 제대로 쌓으면
육도윤회에 휩쓸리는 것이 아니라
자유자재하는 능력도 얻는다고 일러주십니다.

결국, 마음공부로 마음의 힘을 쌓아서
마음을 마음대로 할 수 있어야 한다는 말씀입니다.

마음을 깨쳐서 알고, 바르게 행하는 삶이
우리를 진급의 길로 이끄는 요체인 것입니다.

제 힘으로는
천리를 갈 수 없으나

32일

서대원이 여쭙기를
"천도를 받는 영으로서
천도 법문을 그대로 알아들을 수 있나니이까."

대종사 말씀하시기를
"혹 듣는 영도 있고 못 듣는 영도 있으나
영가(靈駕)가 그 말을 그대로 알아 들어서 깨침을 얻는 것보다
그 들이는 공력이 저 영혼에 쏟히어서
알지 못하는 가운데 천도의 인(因)이 되나니라.

그리하여 마치 파리가 제 힘으로는 천리를 갈 수 없으나
천리마의 몸에 붙으면 부지중에 천리를 갈 수도 있듯이
그 인연으로 차차 법연을 찾아오게 되나니라."

_ 천도품 31장

천리마의 몸에 붙으면

천도 법문의 내용은 마치 살아있는 사람에게 가르치는 듯합니다.
과연 영가가 이 법문들을 알아들을 수 있는지 궁금해 하는 제자에게
대답하십니다.

재미있는 비유를 하십니다.
파리가 날면 얼마나 날겠냐고.
하지만 천리마에 붙으면 하루에 천리를 갈 수도 있다고.

가끔 자동차 안에 작은 곤충이 들어오곤 합니다.
이 차가 부산에서 서울까지 간다면
그 곤충은 별다른 노력 없이도 서울까지 이동할 수 있습니다.
부처님의 정법에 인연을 맺고 부처님의 법력에 의지한다는 것이
이와 같을 수 있습니다.

부처님의 정법을 굳게 믿고 놓지 말아야 합니다.
천만 경계에도 흔들리지 말고 꼭 붙들고 있어야 합니다.
그러면 됩니다.
부처님과 동행하여 불국세계로 갈 수 있고,
광대무량한 낙원 세상에서 즐겁게 지낼 수 있을 것입니다.

부처님의 가르침을 잊지 말고 꼭 붙잡아야 합니다.

하늘 사람과 땅 사람

33일

대종사 말씀하시기를
"사람 가운데에는 하늘 사람과 땅 사람이 있나니,

하늘 사람은 항시 욕심이 담박하고 생각이 고상하여
맑은 기운이 위로 오르는 사람이요,
땅 사람은 항상 욕심이 치성하고 생각이 비열하여
탁한 기운이 아래로 처지는 사람이라,
이것이 곧 선도와 악도의 갈림 길이니

누구를 막론하고 다 각기 마음을 반성하여 보면
자기는 어느 사람이며
장차 어찌될 것을 알 수 있으리라."

_ 천도품 23장

맑은 기운, 탁한 기운

마음이 맑고 밝고 가벼우면
삶이 자유롭고 명랑합니다.

그런데,
욕심 하나가 마음에 들어오면
욕심이 점점 자라나고 잔가지를 치게 됩니다.
욕심은 마음을 탁하고 어둡게 합니다.
내 삶을 얽어매는 굴레가 되고 맙니다.

이 굴레에서 벗어나지 못하면
열반 뒤에도 벗어나지 못하게 됩니다.
자칫 지옥과 같은 악도에 빠지게 되고
평안하고 자유로운 삶을 잃게 됩니다.

지금 이 순간 내 마음이 어떤지 돌아보아야겠습니다.
힝시 욕심이 담박하고 생각이 고상하여
맑은 기운이 위로 오르는 하늘 사람이 되어야겠습니다.

재를 올리는 공

34일

또 여쭙기를
"그렇게 재를 올리오면 각자의 평소에 지은 바 죄업이
그 경중을 물론하고 일시에 소멸되어 천도를 받게 되나이까."

대종사 말씀하시기를
"각자의 업의 경중과 기념주의 정성과 법사의 도력에 따라서
마치 태양이 얼음을 녹이는 것과 같이
일시적으로 녹일 수도 있고,
오랜 시일이 걸릴 수도 있으나,
재를 올리는 공이 결코 헛되지는 아니하여
반드시 그 영혼으로 하여금 선연을 맺게 하여 주나니라."

_ 천도품 33장

결코 헛되지 아니하여

마음은 마음끼리 통합니다.
말하지 않아도 통하는 이치가 있습니다.
진심인지 아닌지를 말없이도 아는 것과 같습니다.
믿음과 확신도 그렇습니다.
꼭 말로 하지 않아도 이 마음에서 저 마음으로 퍼져갑니다.

소태산 대종사님은 말씀하십니다.
'재를 올리는 공이 결코 헛되지 않다' 라고.

중요한 것은,
재주분들의 믿음과 확신이고, 영가의 믿음과 확신입니다.
오직 정성과 믿음으로 임한다면
반드시 영가에게 선연을 맺게 하고
선도 수행하고 진급하는 기연이 될 것입니다.

"우주의 진리는 원래 생멸이 없이 길이길이 돌고 도누지라,
가는 것이 곧 오는 것이 되고 오는 것이 곧 가는 것이 되며,
주는 사람이 곧 받는 사람이 되고 받는 사람이 곧 주는 사람이 되나니,
이것이 만고에 변함 없는 상도常道니라."인과품 1장
라고 하신 인과의 진리가 우주를 관통하고 있기 때문입니다.

가장 중요한 일

35일

말씀하시기를
"천도라 함은 영가靈駕로 하여금 이고득락離苦得樂케 하며, 지악수선止惡修善케 하며, 전미개오轉迷開悟케 하는 것이니, 일심이 청정하여 천도할 것 없는 데까지 천도함이 참다운 천도가 되나니라.

우리의 마음은 무형한 것이나, 일심이 되면 우주의 큰 기운과 합치하므로, 수도인들이 청정 도량에 모여 지성으로 축원을 하면 영근靈根에 감응이 되어 쉽게 천도를 받게 되나니, 이는 자손이나 후인이 열반인을 위하여 행하여야 할 가장 중요한 일 가운데 하나가 되나니라.

그러나, 한갓 치재致齋 행사만이 능사가 아니니, 제일 중요한 것은 본인이 평소에 본인의 천도를 위하여 적공을 하는 것이요, 후인들도 행사에만 그치지 말고 항시 열반인을 위하여 심고도 하고 열반인을 위하여 적선도 하여, 열반인의 공덕이 길이 세상에 미치게 하는 것이 또한 천도의 중요한 조건이 되나니라."

_ 생사편 6장

참다운 천도

이고득락離苦得樂, 고통에서 벗어나 낙을 얻자는 것이고
지악수선止惡修善, 악을 멈추고 선을 닦게 하며
전미개오轉迷開悟, 미혹에서 깨어나 깨달음을 얻게 한다.

참 좋은 말씀입니다.
영가께서도 우리도 이 말씀을 마음 깊이 새겨야겠습니다.
다행히 유족들께서
평생을 청빈한 삶과 순일한 마음으로 무아봉공하신 교무님들과
청정도량에서 천도재를 모시게 되었으니
참으로 은혜롭고 다행한 일입니다.
감사한 일이 아닐 수 없습니다.

유념해야 할 것은,
우리 모두 마음공부를 정성스럽게 하는 것이고,
영가를 위한 축원과 헌공을 아끼지 말아야 한다는 것입니다.

우리를 행복과 진급의 길로 이끄는 것은
지혜와 복입니다.
지혜는 마음공부로 얻어지고, 복은 적선積善으로 얻어집니다.
마음공부와 복 짓기에 매진해야 할 이유입니다.

6·7

육재 六齋

원망도 없고 시비도 없는 부처님의 참다운 세계를 알아
길이길이 참다운 극락을 수용하소서.

생生의 도道　　36일

대종사 말씀하시기를
"사람이 행할 바 도가 많이 있으나
그것을 요약하면 생生과 사死의 도道에 벗어나지 아니하나니,

살 때에 생의 도를 알지 못하면
능히 생의 가치를 발하지 못할 것이요,
죽을 때에 사의 도를 알지 못하면
능히 악도를 면하기 어렵나니라."

_ 천도품 7장

사死의 도道

도道란 길입니다.
육신이 가는 길은 흔히 로路라고 합니다.
마음이 가는 길은 대개 도道라고 해서, 마땅히 가야 할 길, 진리라고 해석합니다.
지상의 길은 수없이 많지만 진리의 길은 하나입니다.

소태산 대종사님의 가르침을 자세히 새겨 보면
산사람에게나 열반인에게나 같은 이치를 반복해서 가르쳐주고 계십니다.
산 자가 가야 할 길과 열반인이 가야 할 길이 다르지 않고,
하나라고 보시기 때문입니다.

길을 잘못 들면 멀리 돌아갈 수 있고,
길을 벗어나면 가시덤불에 빠질 수도 있습니다.
길을 깨치면 편안하고 불안하지 않습니다.
천 갈래 만 갈래 길을 걱정하지 않습니다.
길의 끝에 무엇이 있는지도 압니다.
그래서 길을 의심치 않습니다.

소태산 부처님은 길을 안내해주십니다.
사람으로서 마땅히 해야 할 공부길과 마땅히 가야할 인생길을 알려주십니다.
마음공부하면 인생길이 밝게 나타나죠.
우리는 부처님이 알려주신 길을 즐겁게 잘 가면 됩니다.

천도되는 이치   37일

김대거 여쭙기를
"오늘 두 살된 어린 아이의 사십 구일 천도재를 지냈사온데
어른도 모든 의식을 다 이해하여 천도 받기가 어려울 것이어늘,
그 어린 영이 어떻게 알아 듣고 천도를 받사오리까."

대종사 말씀하시기를
"영혼에는 어른과 아이의 구별이 없나니,
천도되는 이치가 마치 식물에 거름하는 것 같으며
지남철 있는 곳에 뭇 쇠가 딸아 붙는 것 같나니,
일체 동물은 허공계에 영근을 박고 살므로
허공 법계를 통하여 진리로 재를 올리는 것이
그대로 영근에 거름이 되어 효과를 내나니라."

_ 천도품 32장

영혼의 뿌리에 거름하기

식물은 땅에 뿌리를 박고 삽니다.
그래서 거름을 땅에 줍니다.
동물은 어디에 뿌리를 두고 살까요?

언뜻 대답하기 딱한 물음에 소태산 대종사님은 말씀하십니다.
일체 동물은 허공에 영근靈根을 박고 산다고.
뿌리가 허공에 있으니
그 거름 또한 허공에 하는 것이 마땅하다고.

보이지 않는 허공 법계를 향해 올리는 천도재의 정성은
곧 허공에 하는 종교적 거름인 것입니다.

마치 자석에 쇠가 달라붙듯이
천도재의 힘이 영향을 미친다고 하십니다.
우리의 간절한 마음은 자석의 힘이 될 것입니다.

착심에 끌리어

38일

대종사 말씀하시기를
"사람이 평소에 착 없는 공부를 많이 익히고 닦을지니
재·색·명리와 처자와 권속이며,
의·식·주 등에 착심이 많은 사람은
그것이 자기 앞에서 없어지면
그 괴로움과 근심이 보통에 비하여 훨씬 더 할 것이라,

곧 현실의 지옥 생활이며
죽어갈 때에도 또한 그 착심에 끌리어
자유를 얻지 못하고 죄업의 바다에 빠지게 되나니
어찌 조심할 바 아니리요."

_ 천도품 19장

죄업의 바다에 빠진다

사랑과 정, 아름다운 것입니다.
하지만 집착이 되면 애착심愛着心이 되고 맙니다.
정당한 재물, 지위, 명예도 필요합니다.
그러나 집착하게 되면 탐착심貪着心이 됩니다.
살다보면 섭섭할 수도 있고 미울 수도 있습니다.
하지만 그 도가 지나쳐서 집착하게 되면 원착심怨着心이 됩니다.
우리를 고통으로 끌고 가는 세 가지 착심입니다.

평소부터 마음의 공空한 원리를 깨달아 마음공부를 해야
착심에서 벗어날 수 있습니다. 열반인도 마찬가지입니다.
착심을 비우고 녹여야 마음의 자유를 얻을 수 있고,
영혼이 악도에 빠지지 않습니다. 착심, 부질없고 허망한 것입니다.
마음에 상처만 남기고 우리 삶에 고통만 남길 뿐입니다.

깊게 보면 실체도 없는 것이 우리 삶을 좌우합니다.
거기에 끌려 다니면 노예와 같은 삶이 되고 맙니다.
죄업의 바다에서 헤어 나오려면, 마음의 자유를 얻으려면,
반드시 뿌리쳐야 하고 비우고 녹여버려야 하는 것,
바로 착심입니다.
마음 그릇에서 착심을 비워내야
자유와 복락이 담길 수 있습니다.

자기 스스로 하는 천도

39일

또 여쭙기를
"사람이 죽은 후에만 천도를 받나이까."

대종사 말씀하시기를
"천도에는 생사가 다름이 없으므로 죽은 후에 다른 사람이
하는 것보다 생전에 자기 스스로 하는 것이 더욱 효과가 있으리라.
그러므로, 평소에 자기 마음을 밝고 조촐하고 바르게 길들여,
육식六識이 육진六塵 가운데 출입하되 물들고 섞이지 아니할 정도에
이르면 남을 천도하는 데에도 큰 능력이 있을 뿐 아니라
자기 생전에 자기의 천도를 마쳤다 할 것이나,
이러한 사람은 그리 흔하지 아니하나니,
그러므로 삼세의 수도인들이 모두 바쁘게 수도하였나니라."

_ 천도품 38장

육식六識 | 육경六境의 대상을 육근六根에 따라 인식하는 여섯 가지 마음의 작용. 곧 안식眼識 · 이식耳識 · 비식鼻識 · 설식舌識 · 신식身識 · 의식意識의 총칭이다.
육진六塵 | 인간의 본성을 흐리게 하는 여섯 가지 경계. 곧, 육근을 작용할 때 그 대상이 되는 색 · 성 · 향 · 미 · 촉 · 법의 육경六境을 말한다.

바쁘게 수도 修道 하라

생과 사를 둘로 보지 않기에
천도도 생전과 사후가 같다고 하십니다.
마음을 밝고 조촐하고 바르게 길들여야 합니다.

눈, 귀, 코, 혀, 몸, 마음으로
보고, 듣고, 냄새 맡고, 맛보고…하더라도
욕심에 물들고 분별심에 섞이지 않는 정도는 되어야
천도를 안심할 수 있다고 가르쳐주십니다.
티끌 세상에 살면서도 티끌에 묻지 않는 삶을 살라는 말씀이죠.

견물생심이란 말처럼,
근묵자흑이란 말처럼,
경계 따라 욕심에 물들기 쉬운 것이 우리 마음입니다.
욕심 경계 속에서도 물들지 않는 마음의 능력을 갖기란 쉽지 않습니다.

그래서 오히려 명료합니다.
마음공부에 정성을 다해야겠습니다.
바쁘게 수도해야겠습니다.

일념청정 一念淸淨
숙업자멸 宿業自滅

40일

6·25동란 중 희생 교도 합동 위령재에 표어로 설법하시기를
"'일념이 청정하면 숙업이 자멸하고,
상생 상화하면 만복이 흥륭하리라' 하시고,
한 풍랑이 일어나매 사해四海 물이 요란하더니,
한 풍랑이 그치매 천하가 안연하도다.

우리 마음도 또한 이와 같아서,
한 생각이 요란함에 모든 업이 뒤를 따르더니,
한 생각이 안연함에 천하 만방이 장차 부처님 세계로 화하여
일체 중생이 다 함께 부처님 세계에서 즐기리로다.

모든 영가여!
원망도 없고 시비도 없는 부처님의 참다운 세계를 알아
길이길이 참다운 극락을 수용할지어다."

_ 생사편 18장

상생상화相生相和 만복흥륭萬福興隆

모든 업은 마음이 짓습니다.
한마음이 요란하면 요란한 업이 뒤따릅니다.
한마음이 어리석으면 어리석은 업이 뒤따릅니다.
한마음이 그르면 그른 업이 뒤따릅니다.

바람이 불면 파도가 치고
바람이 그치면 파도가 잠자는 것과 다르지 않습니다.

천만 경계가 사나워도
한마음 잘 챙기면 극락으로 변합니다.
천만가지 경계는 천만가지 은혜로 변합니다.
한 마음을 챙기지 못하면
천만경계는 더욱 사나워지고 지옥으로 변합니다.

한마음 씀씀이에 따라 지옥과 극락이 갈립니다.
'마음공부, 마음공부' 하는 이유입니다.

한마음 일어나기 전엔
요란함도, 어리석음도, 그름도 없습니다.
원망도 없고, 시비도 없습니다.
부처님의 참다운 세계를 찾아 거기에서 즐겁게 노닙시다.

한없는 세상을
드나들 적에

41일

박제봉朴濟奉 부보를 장수長水에서 들으시고
영가에게 고하시기를

"제산霽山 동지 영가시여!
성품의 본래 자리에는 와도 왔다 할 것이 없고 가도 갔다 할 것이
없으며, 그에 따라 따로이 슬퍼할 것도 없고 기뻐할 것도 없으나,
현실 나타난 것으로 볼 때에는
또한 오매 온 것이 분명하고 가매 간 것이 분명하여
이에 따라 만나매 반갑고 갈리매 섭섭한 정이
또한 없지 아니한지라,
멀리 부보를 듣고 석별의 정을 금할 수 없는 동시에
가서 애도의 정을 다 펴지 못함을 섭섭히 여기는 바입니다.

그러나, 우리가 한 가지 이 대업을 위하여
한없는 세상을 드나들 적에
본래의 그 서원과 본래의 그 신성을 그대로 지니고 나아가면
우리가 와도 이 일에 벗어나지 아니하고
가도 이 일에 벗어나지 아니하여,
오고 감이 오직 본래의 이 일 뿐이라,
무슨 봉별지회逢別之懷가 따로 있으리오.

제산 동지 영가시여!
오고 감이 없는 가운데 고이 가셨다가,
오고 감이 없는 가운데 고이 돌아오시기를 부탁하는 바입니다."

_ 생사편 22장

와도 이 일, 가도 이 일

오래도록 마음공부를 한 도인들은
그 이별과 만남의 방식도 범부들과는 다릅니다.
이별의 진한 슬픔도 본래 없는 자리에서 슬퍼하고
만남의 기쁨도 본래 없는 자리에서 기뻐합니다.

큰 자리의 품안에서 오고 감을 알기에
이별의 순간에도 여유가 있고 내일의 기약이 든든합니다.
도인들끼리는 서로의 변치 않는 마음을 공유하기에
열반에 당해도 의연함을 잃지 않습니다.

가면 오는 이치를 알고, 오면 가는 이치를 알기에
영원한 세상에 다시 만나서
함께 하고자 했던 성스러운 일들을 함께 하기로
새롭게 다짐하며 이별을 하고 만남을 약속합니다.

슬프지만 슬프지 않은 멋진 이별입니다.
수도인만이 할 수 있는 아름다운 이별입니다.

와도 이 일, 가도 이 일을 하는 이들이 있어서
세상은 맑고, 밝고, 훈훈해지고 있습니다.
부처님의 공부와 사업을 하는 이들이 더 많아져야겠습니다.

생사대사 生死大事   42일

정산 종사 말씀하시기를
"생사대사生死大事를 해결하는 데에 세 가지 계단이 있나니,

하나는,
본래에 생사가 없고 생사가 둘 아닌 자리를 깨달아 아는 것이요,
둘은,
본래에 생사가 없고 생사가 둘 아닌 자리를 체받아 지키는 것이요,
셋은,
본래에 생사가 없고 생사가 둘 아닌 자리를 베풀어 활용하는 것이라,

이 세 가지 계단의 실력을 구비하여야
생사 대사를 완전히 해결하였다 하나니라."

_ 생사편 1장

생사가 둘 아닌 자리

하늘에 둥그렇게 떠오른 달.
우리가 보는 달은 늘 한 편입니다.
우리가 못 보는 뒤편의 달이 있습니다.
이 두 개의 달이 하나임을 알아야 온전한 달을 아는 것입니다.
마찬가지로 낮과 밤은 둘이 아닙니다.
온전한 하루는 낮과 밤이 하나인 자리입니다.

숨을 쉰다는 것도 마찬가지죠.
들숨과 날숨 하나만으로는 온전한 숨이라고 할 수 없습니다.
남자가 있으면 여자가 있고, 오르막이 있으면 내리막이 있습니다.
음지가 있으면 양지가 있고, 밀물이 있으면 썰물이 있습니다.
세상의 모든 것은 음과 양, 양과 음으로 이루어져 있습니다.

사람의 생과 사도 그 가운데 하나입니다.
그러니 생과 사가 둘 아닌 자리를 깨달아 알지 못하면
생도 모르고 사도 모르는 것이 됩니다.
사람으로 태어나 부처님 정법에 인연을 맺었다면
생사대사를 완전히 해결하는 실력을 갖도록까지
정진할 것을 서원해야 할 것입니다.
가장 중요한 일이 아닐 수 없습니다.

7·7
종재 終齋

이 생의 최후 일념은
내생의 최초 일념이 되나니라.

잘 죽는 사람, 잘 사는 사람

43일

대종사 말씀하시기를
"범상한 사람들은 현세現世에 사는 것만 큰 일로 알지마는,
지각이 열린 사람들은 죽는 일도 크게 아나니,

그는 다름이 아니라
잘 죽는 사람이라야 잘 나서 잘 살 수 있으며,
잘 나서 잘 사는 사람이라야 잘 죽을 수 있다는 내역과,
생은 사의 근본이요 사는 생의 근본이라는 이치를 알기 때문이니라.

그러므로, 이 문제를 해결하는 데에는 조만早晚이 따로 없지마는
나이가 사십이 넘으면 죽어 가는 보따리를 챙기기 시작하여야
죽어 갈 때에 바쁜 걸음을 치지 아니하리라."

_ 천도품 1장

무엇이 큰 일인가?

잘 산다는 것은 무엇일까요?
제대로 답하기 쉽지 않습니다.
현세적 삶, 현실에 매몰된 삶이 아니라
영원한 세상을 염두에 두고 죽음까지도 생각하는 삶을 산다면,
그 삶은 좀 더 온전해질 것입니다.

죽음이 코앞에 닥쳐서야
내 삶을 돌아보고 당황스러워 한다면
그 삶은 아쉬운 삶이 되고 말 것입니다.
꿈도 없이 깊은 잠을 자야
활기찬 내일 아침을 맞이하듯이
잘 죽어야 잘 나서 잘 살 수 있다는 진리를
소태산 부처님께서 가르쳐주십니다.

무엇이 큰일인가요?
생은 사의 근본이요 사는 생의 근본이니,
생도 사도 모두 큰일입니다.
그래서 생사대사生死大事라고 하는 것이겠죠.

그 동안 정성 들여 지내온 천도재는
이 생사대사의 해결에 큰 밑거름이 될 것입니다.

최후일념 最後一念
최초일념 最初一念

44일

또 여쭙기를
"열반경 涅槃經에 이르시기를

'전생 일을 알고자 할진대 금생에 받은 바가 그것이요,
내생 일을 알고자 할진대 금생에 지은 바가 그것이라.' 고 하였사온데,
금생에 죄 받고 복 받는 것을 보오면
그 마음 작용하는 바는 죄를 받아야 마땅할 사람이
도리어 부귀가에서 향락 생활을 하는 수가 있삽고,
또는 그 마음이 착하여 당연히 복을 받아야 할 사람이
도리어 빈천한 가정에서 비참한 고통을 받는 수가 있사오니,
인과의 진리가 적확하다 할 수 있사오리까."

대종사 말씀하시기를
"그러므로 모든 불조들이
최후 일념을 청정하게 가지라고 경계 하셨나니,
이 생에서 그 마음은 악하나 부귀를 누리는 사람은
전생에 초년에는 선행을 하여 복을 지었으나
말년에는 선 지을 것이 없다고 타락하여
악한 일념으로 명을 마친 사람이며,
이 생에 마음은 선하나 일생에 비참한 생활을 하는 사람은
전생에 초년에는 부지중 악을 지었으나 말년에는 참회 개과하여
회향(回向)을 잘 한 사람이니,
이와 같이 이 생의 최후 일념은 내생의 최초 일념이 되나니라."

_ 천도품 35장

회향回向 잘 하기

잠들기 전에 한 생각을 하면
그 생각이 가지를 쳐서 꿈을 꾸곤 합니다.
또는 다음 날 아침에 깰 때 그 생각부터 나게 됩니다.

10년 동안 열심히 살았던 사람도
인생이란 다 허망하다고 생각하기 시작하면
그 다음의 삶은 풀어져버리고 허망하게 변해갑니다.
10년 동안 방탕했던 사람도
마음가짐을 새롭게 해서 심기일전하면
그의 삶은 전혀 새로운 바람직한 삶이 됩니다.
한 마음, 한 생각은 정말 중요합니다.
이 한 마음이 내 삶을 좌우하고 운명을 좌우합니다.
그래서 부처님은 '일체유심조一切唯心造'라고 하셨습니다.

불교의 핵심 가르침인 인과의 이치란,
원인과 결과의 이치입니다.
그리고 그 처음의 원인은 바로 '한 마음'인 것입니다.
마음이 변하면 결과도 변하는 것입니다.

영가도 역시 마찬가지입니다.
지금 한 마음을 챙기면 영생길이 달라집니다.
진정한 희망의 메시지가 아닐 수 없습니다.
지금 내 마음이 향하는 곳이 내가 가는 곳입니다.

마음을 맑히고 보면

45일

대종사 말씀하시기를
"내가 어느 날 아침 영광에서 부안 변산 쪽을 바라다보매
허공 중천에 맑은 기운이 어리어 있는지라,
그 후 그 곳으로 가 보았더니
월명암에 수도 대중이 모여 들어 선을 시작하였더라.

과연 정신을 모아 마음을 맑히고 보면
더럽고 탁한 기운은 점점 가라앉고
신령하고 맑은 기운은 구천九天에 솟아 올라서
시방 삼계가 그 두렷한 기운 안에 들고
육도 사생이 그 맑은 법력에 싸이어
제도와 천도를 아울러 받게 되나니라."

_ 천도품 25장

제도濟度, 천도薦度를 받게 되나니라

내 눈에 티끌이 들어가면
세상이 제대로 보이지 않습니다.
내 눈에 색안경을 끼면
세상 역시 그 색깔로 보이게 됩니다.
내 삶이 혼탁하면 내 앞길도 혼탁하죠.
내 미래가 잘 보이지 않습니다.

마음공부를 하고, 선을 하고, 기도를 하고, 천도재를 올리는 것은
마음을 맑히고, 우리 삶을 맑히는 데 그 목적이 있습니다.

우리들이 49일 동안 심신을 재계하고
마음을 더욱 청정히 한 것은
이 맑은 기운으로 진리의 위력을 얻고자 함입니다.
이 맑은 기운이 영가를 맑고 밝은 세계로 인도할 것이며
맑고 밝은 삶으로 안내할 것입니다.

맑은 샘물이 탁류를 맑히듯이
우리의 마음공부가 내 삶을 맑히고
이 세상을 맑혔으면 좋겠습니다.
허공 중천에 맑은 기운이 어리도록 맑은 삶을 살아야겠습니다.

악도에 떨어지지 아니하는 중요한 밑천

물으시기를
"무엇이 악도에 떨어지지 아니하는 중요한 밑천이 될꼬."

조전권曺專權이 답하기를
"철저한 신심과 법에 대한 이해와 고락 중애에 끌리지 않는 마음이 중요한 밑천이 되겠나이다."

말씀하시기를
"거기에 더 할 말은 없을까."
이동진화李東震華 사뢰기를 "자각이 있어야 하겠나이다."

말씀하시기를
"거기에 더 할 말은 없을까."
시자 사뢰기를 "원력과 일심이 또한 소중한 밑천이 되겠나이다."

말씀하시기를 "세 사람의 대답이 다 옳으니라."

_ 생사편 7장

여섯 가지 밑천

철저한 신심信心
이것이 있어야 공부가 시작되고 실천이 시작됩니다.

법法에 대한 이해
이것이 있어야 깨달음을 얻어 시비를 알고 정법을 실천하게 됩니다.

고락苦樂 증애憎愛에 끌리지 않는 마음
이것이 있어야 온전한 마음으로 바른 삶을 살아갈 수 있습니다.

자각自覺
이것이 있어야 스스로 공부길과 인생길을 헤쳐 나갈 수 있습니다.

원력願力
이것이 있어야 목적 있는 삶을 지치지 않고 살아갈 수 있습니다.

일심一心
이것이 있어야 진리와 하나 되어 힘 있는 삶을 살게 됩니다.

정산 스승님은 제자들의 여섯 가지 대답을 다 맞다고 응답해주십니다.
'여섯 가지' 이지만 깊이 보면 '하나' 입니다.

눈과 얼음이 자연 녹아지듯이 47일

대종사 선원 대중에게 말씀하시기를
"그대들이 이와 같이 세간의 모든 애착과 탐착을 여의고
매일매일 법설을 들어 정신을 맑히고 정력을 얻어 나가면
자신의 천도만 될 뿐 아니라 그 법력이 허공 법계에 사무쳐서
이 주위에 살고 있는 미물 곤충까지도 부지중 천도가 될 수 있나니,

비하건대 태양 광선이 눈과 얼음을 녹히려는 마음이 없이
무심히 비치건마는 눈과 얼음이 자연 녹아지듯이
사심 잡념이 없는 도인들의 법력에는
범부 중생의 업장이 부지중에 또한 녹아지기도 하나니라."

_ 천도품 22장

중생의 업장이 녹아지나니라

"부처님의 대자대비大慈大悲는
저 태양보다 다습고 밝은 힘이 있나니,
그러므로 이 자비가 미치는 곳에는
중생의 어리석은 마음이 녹아서 지혜로운 마음으로 변하며,
잔인한 마음이 녹아서 자비로운 마음으로 변하며,
인색하고 탐내는 마음이 녹아서 혜시하는 마음으로 변하며,
사상四相의 차별심이 녹아서 원만한 마음으로 변하여,
그 위력과 광명이 무엇으로 가히 비유할 수 없나니라." 불지품 2장
부처님의 대자대비를 이렇게 표현해주셨습니다.

우리들 마음의 눈과 얼음은 무엇일까요?
어리석은 마음, 잔인한 마음, 인색한 마음, 차별하는 마음이겠지요.
세간의 애착심과 탐착심일 것입니다.

태양을 향하고만 있어도 눈과 얼음은 녹아내립니다.
부처님에게 마음을 향하고, 부처님 정법을 가까이 하고,
부처님 가르침을 실천하면, 마음 속 눈과 얼음은 녹아내립니다.
내 마음 속의 눈과 얼음을 녹이고 나면
내 주변의 눈과 얼음도 녹아날 것입니다.

한 생각 조촐한 마음

48일

송창허 宋蒼虛 영가에게 고하시기를
" '한 생각 조촐한 마음이 이 도량이라,
항하사 칠보탑을 지음보다 승하도다.
보탑은 필경에 부서져 티끌이 되려니와
한 생각 조촐한 마음은 정각을 이룬다.' 하였나니,

진산 晉山 영가시여!
이에 청정 일념으로 길이 광대한 원을 잊지 마소서."

_ 생사편 25장

광대한 원을 잊지 마소서

마음 밖에 부처가 없다는 말이 있습니다.
마음이 곧 부처라고도 합니다.
한 마음을 빼놓은 마음공부는 없습니다.
한 마음을 잘 챙기는 것이 수도의 핵심입니다.

한 마음을 다스려 내 운명을 바꾸고
한 마음을 다스려 악도에서 선도로 옮겨갑니다.
한 마음이 천도의 핵심입니다.

이 세상의 가장 큰 진리가 내 마음에 있고,
이 세상의 가장 위대한 힘이 내 마음에 있습니다.

나를 구렁에 빠뜨리는 것도,
그 구렁에서 건져내는 것도,
내 한 마음입니다.
그래서 삼세의 모든 부처님들도
마음, 마음, 마음 하는 것입니다.
청정일념, 한 마음을 챙기소서!

한 마음 챙겨서 부처를 이루리라는
광대한 원을 잊지 마소서!

욕심의 구름이 걷혀 버려야 49일

대종사 말씀하시기를
"저 하늘에는 검은 구름이 걷혀 버려야
밝은 달이 나타나서 삼라만상을 비쳐 줄 것이요,

수도인의 마음 하늘에는
욕심의 구름이 걷혀 버려야
지혜의 달이 솟아올라서
만세 중생을 비쳐 주는 거울이 되며,
악도 중생을 천도하는 대법사가 되리라."

_ 천도품 24장

청풍월상시淸風月上時 만상자연명萬像自然明

"청풍월상시淸風月上時 만상자연명萬像自然明" 성리품 1장
맑은 바람이 달 위에 불면 만상이 자연히 밝게 드러납니다.
우리 마음에서 욕심 구름을 비워야
지혜의 달이 솟아올라 진리가 드러납니다.

하늘의 달은 원래 있던 달입니다.
구름에 가렸던 것이 드러났을 뿐입니다.
부처님의 법도 마찬가지입니다.
원래 있던 진리 그대로입니다.
있는 그대로를 보면 깨달음입니다.
원래 있던 진리이고 당연한 가르침입니다.
이 우주에 가득 차 있는 진리를
그냥 밝혀주신 것입니다.

부처님의 가르침 그대로,
우리 마음에서 욕심의 구름만 거둬버립시다.
지혜의 달을 솟아오르게 합시다.
만세 중생을 비쳐 주는 거울이 되고,
악도 중생을 천도하는 대법사가 됩시다.
사람으로 태어나 가질 수 있는 가장 거룩한 원입니다.
이 거룩한 원이 우리를 부처님으로 거듭나게 할 것입니다.

천도재 의식 진행 예문

·

원불교의 천도재 의식은 다음과 같은 순서로 진행합니다. 초재와 종재시 내용이 약간 다르고, 여건에 따라 가감이 가능합니다. 주례 교무님의 지도에 따라 정성을 다해주시기 바랍니다. 특히, 49재 기간 동안에는 몸과 마음을 청정하게 재계하여 천도재에 정성을 다해주시기 바랍니다.

천도재(종재) 식순

> 좌종10타
> 개식 / 입정 / 약력보고 / 법공의 노래 / 재주 헌공 · 고사
> 설명기도 · 일동경례 / 성주 · 염불 / 천도 법문 / 독경 · 축원문
> 설법 · 법어봉독 / 일반분향 / 탈복 · 고유문 / 헌공보고 / 성가 / 폐식

* 발인, 초재에서 육재, 열반기념제 시 약간의 내용이 가감됩니다.

1. 개식
지금부터 ○○○영가의 ○칠일 천도재를 시작하겠습니다.

2. 입정
입정하겠습니다. 자세를 바르게 하시고, 온전한 마음을 모으시겠습니다.

3. 약력 보고 (발인, 종재)
약력 보고를 하겠습니다.

4. 법공의 노래
성가는 46장 법공의 노래를 부르시겠습니다.

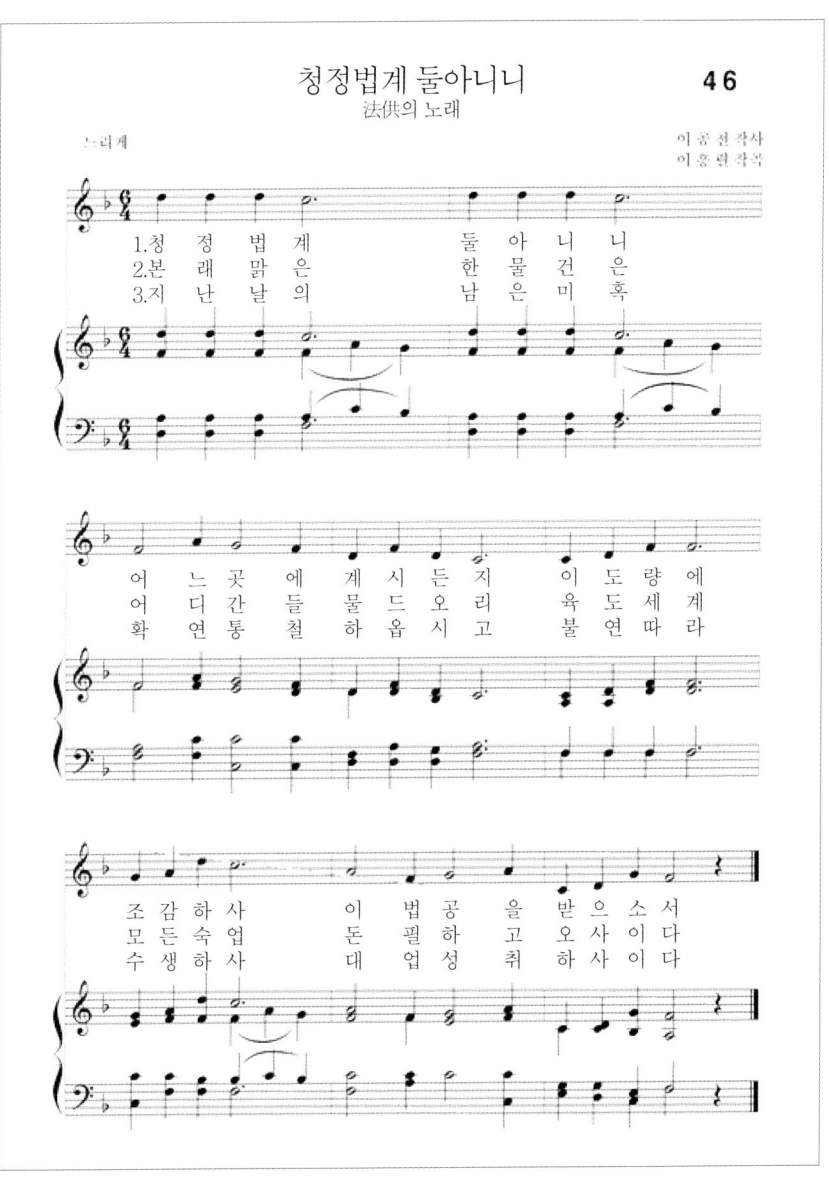

5. 재주 헌공 및 분향 헌배 (고사는 발인, 종재)

재주 헌공 및 분향 헌배를 하겠습니다. 재주는 법신불 전에 나오시어 헌공금을 올리시고 분향하신 후 영전에 재배하시겠습니다. 분향은 부모(참석한 경우) 부군(부인), 자녀, 손자녀, 형제, 조카, 일가친척, 친지의 순으로 진행하겠습니다.

6. 설명기도 및 일동경례

함께 기도하겠습니다. 모두 자리에서 일어나 합장하시기 바랍니다.

- **설명기도문**

법신불 사은이시여! 새 열반인 ○○○의 영로에 한량 없는 법력과 광명을 내리시와 그로 하여금 생사거래에 항상 바른 생각을 가지게 하옵시며, 모든 착심과 원진을 여의고 완전한 해탈 천도를 얻어서 악도 윤회에 들지 아니하고 바로 불토 인연에 돌아와서 세세 생생에 길이 성불 제중하는 성자가 되게 하여 주시옵소서. 일심으로 비옵나이다.

7. 성주 및 염불

성주 3편과 염불 7편을 하겠습니다.
모두 서신 그대로 합장하시고 다 같이 독송하시겠습니다.

- 성주

영천영지 영보장생　永天永地 永保長生
만세멸도 상독로　　萬世滅度 常獨露
거래각도 무궁화　　去來覺道 無窮花
보보일체 대성경　　步步一切 大聖經

성주聖呪는 성스러운 주문이라는 뜻으로 열반인의 해탈 천도를 위해 많이 독송되지만, 누구든지 일심으로 독송하면 불생불멸의 진리를 깨쳐 영생永生을 얻고 생사윤회에 해탈을 얻음과 동시에 큰 위력을 얻게 됩니다.

- 염불

나무아미타불 南無阿彌陀佛
나무아미타불 南無阿彌陀佛
나무아미타불 南無阿彌陀佛
나무아미타불 南無阿彌陀佛
나무아미타불 南無阿彌陀佛
나무아미타불 南無阿彌陀佛
나무아미타불 南無阿彌陀佛

나무아미타불은 서방정토에 살고 있는 아미타불에 귀의하여 원하는 바를 이루거나 왕생을 구하고자 외우는 염불의 글귀입니다. 원불교에서는 자심미타自心彌陀를 발견하여 자성극락에 돌아가기를 목직히며 염송합니다.

8. 천도 법문

천도 법문 순서입니다. 모두 자리에 앉아 주시기 바랍니다.

천도 법문은 생사의 이치를 깨달으신 부처님들께서 영가를 위해 해주시는 법문입니다. 재주 및 참가자들은 온전한 마음으로 주례자의 독경을 들어주시고, 법문 내용을 마음속으로 따라 읽어주시기 바랍니다.

• **열반 전후에 후생길 인도하는 법설**

○○○영가시여! 정신을 차려 부처님의 법문을 잘 들으소서. 이 세상에서 영가가 선악간 받은 바 그것이 지내간 세상에 지은 바 그것이요, 이 세상에서 지은바 그것이 미래 세상에 또 다시 받게 될 바 그것이니 이것이 곧 대자연의 천업이라, 부처와 조사는 자성의 본래를 각득하여 마음의 자유를 얻었으므로 이 천업을 돌파하고 육도와 사생을 자기 마음대로 수용하나, 범부와 중생은 자성의 본래와 마음의 자유를 얻지 못한 관계로 이 천업에 끌려 무량고를 받게 되므로 부처와 조사며 범부와 중생이며 귀천과 화복이며 명지장단을 다 영가가 짓고 짓나이다.

○○○영가시여! 일체 만사를 다 영가가 짓는 줄로 이제 확연히 아시나이까. ○○○영가시여! 또 들으소서. 생사의 이치는 부처님이나 영가나 일체 중생이나 다 같은 것이며 성품 자리도 또한 다 같은 본연 청정한 성품이며 원만 구족한 성품이외다. 성품이라 하는 것은 허공에 달과 같이 참 달은 허공에 홀로 있건마는 그 그림자 달은 일천 강에 비치는 것과 같이 이 우주와 만물도 또한 그 근본은 본연 청정한 성품자리로 한 이름도 없고, 한 형상도 없고, 가고 오는 것

도 없고, 죽고 나는 것도 없고, 부처와 중생도 없고, 허무와 적멸도 없고, 없다 하는 말도 또한 없는 것이며, 유도 아니요 무도 아닌 그것이나 그 중에서 그 있는 것이 무위이화 자동적으로 생겨나, 우주는 성주괴공으로 변화하고, 만물은 생로병사를 따라 육도와 사생으로 변화하고, 일월은 왕래하여 주야를 변화시키는 것과 같이 영가의 육신 나고 죽는 것도 또한 변화는 될지언정 생사는 아니외다.

○○○영가시여! 듣고 들으시나이까. 이제 이 성품 자리를 확연히 깨달아 알으셨나이까. 또 들으소서. 이제 영가가 이 육신을 버리고 새 육신을 받을 때에는 영가의 평소 짓던 바에 즐겨하여 애착이 많이 있는 데로 좇아 그 육신을 받게 되나니, 그 즐겨하는 바가 불보살 세계가 승하면 불보살 세계에서 그 육신을 받아 무량한 낙을 얻게 될 것이요, 또한 그 반대로 탐진치가 승하고 보면 그 곳에서 그 육신을 받아 무량겁을 통하여 놓고 무수한 고를 얻을 것이외다. 듣고 들으시나이까.

○○○영가시여! 또 들으소서. 영가가 이 때를 당하여 더욱 마음을 견고히 하소서. 만일 호리라도 애칙 탐착을 여의지 못하고 보면 자연히 악도에 떨어져 가나니, 한번 이 악도에 떨어져 가고 보면 어느 세월에 또 다시 사람의 몸을 받아 성현의 회상을 찾아 대업을 성취하고 무량한 혜복을 얻으리요. ○○○영가시여! 듣고 들으셨나이까.

9. 독경

독경은 일원상 서원문, 반야심경, 참회게(참회문)를 하겠습니다.

독경은 목탁소리와 주례 교무님 인도에 따라 함께 소리 내어 읽어주시기 바랍니다. 독경은 상황에 따라 가감할 수 있습니다.

• 일원상 서원문 —圓相 誓願文

일원은 언어도단言語道斷의 입정처入定處이요, 유무 초월의 생사문生死門인 바, 천지·부모·동포·법률의 본원이요, 제불·조사·범부·중생의 성품으로 능이성 유상能以成有常하고 능이성 무상無常하여 유상으로 보면 상주 불멸로 여여 자연如如自然하여 무량세계를 전개하였고, 무상으로 보면 우주의 성·주·괴·공成住壞空과 만물의 생·로·병·사生老病死와 사생四生의 심신 작용을 따라 육도六途로 변화를 시켜 혹은 진급으로 혹은 강급으로 혹은 은생어해恩生於害로 혹은 해생어은害生於恩으로 이와 같이 무량 세계를 전개하였나니, 우리 어리석은 중생은 이 법신불 일원상을 체받아서 심신을 원만하게 수호하는 공부를 하며, 또는 사리를 원만하게 아는 공부를 하며, 또는 심신을 원만하게 사용하는 공부를 지성으로 하여 진급이 되고 은혜는 입을지언정, 강급이 되고 해독은 입지 아니하기로써 일원의 위력을 얻도록까지 서원하고 일원의 체성體性에 합하도록까지 서원함.

일원상 서원문은 소태산 대종사님께서 깨치신 진리의 내용을 담은 글로서, 우리가 일상생활을 통하여 일원상의 진리를 깨치고 활용하여 마침내 불보살의 큰 인격을 이루도록 서원을 올리는 글입니다.

반야바라밀다심경 般若波羅蜜多心經

관자재보살 행심반야바라밀다시 조견오온개공 도일체고액 사리
觀自在菩薩 行深般若波羅蜜多時 照見五蘊皆空 度一切苦厄 舍利
자 색불이공 공불이색 색즉시공 공즉시색 수상행식 역부여시 사리
子 色不異空 空不異色 色卽是空 空卽是色 受想行識 亦復如是 舍利
자 시제법공상 불생불멸 불구부정 부증불감 시고공중 무색 무수상
子 是諸法空相 不生不滅 不垢不淨 不增不減 是故空中 無色無受想
행식 무안이비설신의 무색성향미촉법 무안계 내지무의식계 무무명
行識 無眼耳鼻舌身意 無色聲香味觸法 無眼界 乃至 無意識界 無無明
역무무명진 내지무노사 역무노사진 무고집멸도 무지역무득 이무소
亦無無明盡 乃至無老死 亦無老死盡 無苦集滅道 無智亦無得 以無所
득고 보리살타 의반야바라밀다고 심무괘애 무괘애고 무유공포 원
得故 菩提薩埵 依般若波羅蜜多故 心無罣碍 無罣碍故 無有恐怖 遠
리전도몽상 구경열반 삼세제불 의반야바라밀다고 득아뇩다라삼먁
離顚倒夢想 究竟涅槃 三世諸佛 依般若波羅蜜多故 得阿耨多羅三藐
삼보리 고지반야바라밀다 시대신주 시대명주 시무상주 시무등등주
三菩提 故知般若波羅蜜多 是大神呪 是大明呪 是無上呪 是無等等呪
능제일체고 진실불허 고설반야바라밀다주 즉설주왈 아제아제 바라
能除一切苦 眞實不虛 故說般若波羅蜜多呪 卽說呪曰 揭諦揭諦 波羅
아제 바라승아제 모제사바하
揭諦 波羅僧揭諦 菩提薩婆訶.

반야바라밀다심경은 불교의 가장 핵심 교리인 공空의 원리를 밝힌 불교 최고의 경전으로 이를 정성으로 외우고, 실천하면 모든 고통과 재액을 넘어서 행복한 생활을 할 수 있습니다.

• 참회게

아석소조제악업 개유무시탐진치　俄昔所造諸惡業 皆由無始貪嗔痴
종신구의지소생 일체아금개참회　從身口意之所生 一切我今皆懺悔
죄무자성종심기 심약멸시죄역망　罪無自性從心起 心若滅時罪亦亡
죄망심멸양구공 시즉명위진참회　罪亡心滅兩俱空 是卽名謂眞懺悔

참회게는 참회의 뜻을 요약한 게송으로, 과거생으로부터 지금에 이르기까지 알게 모르게 지은 모든 죄업을 참회하고 쌓인 업보를 멸도시키고자 할 때 지성으로 독송합니다.

• 참회문

음양 상승陰陽相勝의 도를 따라 선행자는 후일에 상생相生의 과보를 받고 악행자는 후일에 상극相克의 과보를 받는 것이 호리도 틀림이 없으되, 영원히 참회 개과하는 사람은 능히 상생 상극의 업력을 벗어나서 죄복을 자유로 할 수 있나니, 그러므로 제불 조사가 이구 동음으로 참회문을 열어 놓으셨나니라.

대범, 참회라 하는 것은 옛 생활을 버리고 새 생활을 개척하는 초보이며, 악도를 놓고 선도에 들어오는 초문이라, 사람이 과거의 잘못을 참회하여 날로 선도를 행한즉 구업舊業은 점점 사라지고 신업은 다시 짓지 아니하여 선도는 날로 가까와지고 악도는 스스로 멀어지나니라. 그러므로, 경에 이르시되「전심 작악前心作惡은 구름이 해를 가린 것과 같고 후심 기선後心起善은 밝은 불이 어둠을 파함과 같나니라」하시었나니, 죄는 본래 마음으로부터 일어난 것이라 마음이 멸함을 따라 반드시 없어질 것이며, 업은 본래 무명無明인지라 자성의 혜광을 따라 반드시 없어지나니, 죄고에 신음하는 사람들이여! 어찌 이 문에 들지 아니하리요.

그러나, 죄업의 근본은 탐·진·치貪嗔痴라 아무리 참회를 한다 할지라도 후일에 또다시 악을 범하고 보면 죄도 또한 멸할 날이 없으며, 또는 악도에 떨어질 중죄를 지은 사람이 일시적 참회로써 약간의 복을 짓는다 할지라도 원래의 탐·진·치를 그대로 두고 보면 복은 복대로 받고 죄는 죄대로 남아 있게 되나니, 비하건대 큰 솥 가운데 끓는 물을 냉冷하게 만들고자 하는 사람이 위에다가 약간의 냉수만 갖다 붓고, 밑에서 타는 불을 그대로 둔즉 불의 힘은 강하고 냉수의 힘은 약하여 어느 때든지 그 물이 냉해지지 아니함과 같나니라.

세상에 전과前過를 뉘우치는 사람은 많으나 후과를 범하지 않는 사람은 적으며, 일시적 참회심으로써 한 두 가지의 복을 짓는 사람은 있으나 심중의 탐·진·치는 그대로 두나니 어찌 죄업이 청정하기를 바라리요.

참회의 방법은 두 가지가 있으니, 하나는 사참事懺이요 하나는 이참理懺이라, 사참이라 함은 성심으로 삼보三寶 전에 죄과를 뉘우치며 날로 모든 선을 행함을 이름이요, 이참이라 함은 원래에 죄성罪性이 공한 자리를 깨쳐 안으로 모든 번뇌 망상을 제거해 감을 이름이니 사람이 영원히 죄악을 벗어나고자 할진대 마땅히 이를 쌍수하여 밖으로 모든 선업을 계속 수행하는 동시에 안으로 자신의 탐·진·치를 제거할지니라. 이같이 한즉, 저 솥 가운데 끓는 물을 냉하게 만들고자 하는 사람이 위에다가 냉수도 많이 붓고 밑에서 타는 불도 꺼버림과 같아서 아무리 백천 겁에 쌓이고 쌓인 죄업일지라도 곧 청정해 지나니라.

또는, 공부인이 성심으로 참회 수도하여 적적 성성한 자성불을 깨쳐 마음의 자유를 얻고 보면, 천업天業을 임의로 하고 생사를 자유로 하여 취할 것도 없고 버릴 것도 없고 미워할 것도 없고 사랑할 것도 없어서, 삼계 육도三界六途가 평등 일미요, 동정 역순이 무비 삼매無非三昧라, 이러한 사람은 천만 죄고가 더운 물에 얼음 녹듯하여 고도 고가 아니요, 죄도 죄가 아니며, 항상 자성의 혜광이 발하여 진대지가 이 도량이요, 진대지가 이 정토라 내 외 중간에 털끝만한 죄상罪相도 찾아볼 수 없나니, 이것이 이른바 불조의 참회요, 대승의 참회라 이 지경에 이르러야 가히 죄업을 마쳤다 하리라.

참회문은 참회문은 참회게로 대신 할 수 있습니다. 영혼을 천도할 때나 스스로 지은 바 죄과를 뉘우쳐 새 사람이 되고 새 출발을 하고자 할 때 독송하는 법문입니다.

• 금강경 金剛經

여시아문 일시 불재사위국기수급고독원 여대비구중 천이백오십인 구 이시세존 식시 착의지발 입사위대성 걸식 어기성중 차제걸이 환지본처 반식흘 수의발 세족이 부좌이좌 시 장로수보리재대중중 즉종좌기 편단우견 우슬착지 합장공경 이백불언 희유세존 여래 선호념제보살 선부촉제보살 세존 선남자선여인 발아뇩다라삼먁삼보리심 응운하주 운하항복기심 불언 선재선재 수보리 여여소설 여래 선호념제보살 선부촉 제보살 여금제청 당위여설 선남자선여인 발아뇩다라삼먁삼보리심 응여시주 여시항복기심 유연세존 원요욕문 불고 수보리 제보살마하살 응여시항복기심 소유일체중생지류 약란생 약태생 약습생 약화생 약유색 약무색 약유상 약무상 약비유상비무상 아개영입무여열반 이멸도지 여시멸도 무량무수무변중생 실무중생득멸도자 하이고 수보리 약보살 유아상인상 중생상수자상 즉비보살 부차 수보리 보살어법 응무소주 행어보시 소위부주색보시 부주성향미촉법보시 수보리 보살응여시보시 부주어상 하이고 약보살 부주상보시 기복덕 불가사량 수보리 어의운하 동방허공 가사량부 불야세존 수보리 남서북방사유상하허공 가사량부 불야세존 수보리 보살 무주상보시복덕 역부여시 불가사량 수보리 보살 단응여소교주 수보리 어의운하 가이신상 견여래부 불야세존 불가이신상 득견여래 하이고 여래소설신상 즉비신상 불고수보리 범소유상 개시허망 약견제상비상 즉견여래.

금강경은 '금강반야바라밀경'의 줄임말입니다. 내용은 5장 이후로도 32장까지 있으나 천도재식에서 독경할 때는 일반적으로 5장까지만 합니다. 이 내용만으로도 금강경의 요지가 다 드러났다고 할 수 있습니다.

10. 축원문

축원문이 있겠습니다. 모두 합장하시고 간절한 마음을 가져주시기 바랍니다. 축원문이 끝나면 재주들은 큰절로 4배하시고, 대중은 앉으신 채로 4배를 하시겠습니다.

• **축원문**

원기 ○○년 ○월 ○일에 원불교 ○○교당 예감은 새 열반인 ○○○의 ○재식을 당하여 정심 재계하옵고 삼가 법신불 사은 전에 그 천도 발원을 올리나이다.

법신불 사은이시여! 열반인 ○○○는 평소에 천성이 (어떠)하고 행실이(어떠)하며, 공익으로는 (어떠)한 사업을 하였사옵고, 도문에 입참하여는 (어떠)한 신심과 수행이 있었사오니, 본인의 일생에 지은 바 모든 선근을 굽어 살피시옵고 또는 그의 (친자녀) ○○○ 외 일반 가족의 지극한 정성과 동지 친우들의 공동 발원함을 널리 통촉하시와 열반인의 영근에 혹 어떠한 업장이 남아있삽거든 진여의 법력으로써 이를 청소하여 주시옵고, 그의 영로에 혹 무명이 가리울 때에는 반야의 혜광으로써 이를 인도하시와, 사견을 버리고 정견을 가지며 속박을 여의고 해탈을 얻어서, 악도 윤회에 들지 아니하고 바로 불토 낙지에 돌아와서, 생생에 사람의 몸을 잃지 아니하고 세세에 도덕의 인연을 떠나지 아니하며, 정법 수행을 길이 정진하여 성불 제중의 대과를 원만 성취하게 하여 주시옵소서. 일심 봉축하옵고 사배 복고하옵나이다.

11. 설법 · 법어봉독

설법 순서입니다. 오늘 설법은 ○산(○타원) ○○○교무님께서 해주시겠습니다. 오늘 우리가 받들 법문 말씀은 전서○○쪽 ○○○○○장 입니다.

12. 일반분향

일반 분향을 하겠습니다. 분향은 편의상 친구, ○○조객, ○○조객 등 순으로 하시겠습니다.

13. 고유문

탈복 고유문을 봉독하겠습니다. 재주들은 자리에서 일어나 합장하시기 바랍니다. 고유문 봉독이 끝나면 함께 재배 하시기 바랍니다.

착복고유문은 발인식에서, 탈복고유문은 종재식에서 봉독하여 복을 입고 벗는 것을 불전과 영가에게 알립니다.

- 착복고유문

본인들은 자녀 친척 또는 동지의 관계로
복제의 정한 바에 따라 각기 해당 복을 착하옵고
복을 입는 기간 동안 정성을 다하여 법공양을 올리겠사오니
○○○ 영가시여! 조감하시옵소서.

- 탈복고유문

본인들은 자녀 친척 또는 동지의 관계로 각각 해당 복을 착하옵다가
오늘 49일 종재를 맞이하여 탈복하옵나이다.
비록 오늘 탈복은 하오나 영가를 위한 축원은 쉬지 아니하겠사오니
○○○영가시여! 조감하시옵소서.

14. 헌공보고

헌공보고를 하겠습니다. ○산(○타원) ○○○영가의 발인으로부터 오늘 종재에 이르기까지 정성스러운 헌공을 법신불 전에 올려 주셨습니다. 헌공금은 본교의 교화·교육·자선 사업에 ○○영가의 이름으로 바쳐서 그 공덕이 널리 미쳐가게 해 드린다는 것을 알려드립니다.

15. 성가

성가를 부르겠습니다. 148장 '생멸없는 고향으로', 149장 '오 법신불사은이시여'는 초재에서 육재에 부릅니다. 44장 '풍랑이 그치었으니'는 종재에 부릅니다. 47장 '임 가신뒤 세월은'은 열반기념제에 부릅니다.

16. 폐식

이상으로 ○○○영가의 ○칠일 천도재식을 마치겠습니다.
감사합니다.

부록

경문 · 법문 · 예문

십이인연법문

○ ○ ○ **영가시여!**
삼세 모든 생령들의 윤회하는 현상을 살펴보면 직업도 천종만종이요, 사는 것 또한 천차만별로서 이를 망라하여 크게 두 가지로 구별하여 볼 수 있습니다.

그 하나는 집착의 세계라. 탐 진 치의 지배하에서 밝은 정신을 어둡게 하며 순일하고 온전한 정신을 흩어 버리며 내일은 어찌될지언정 오늘만 좋게 하려는 죄짓는 재미로 사는 중생의 세계가 있습니다.
그 둘은 해탈의 세계라. 계 정 혜의 지배하에서 정신을 차리고 흩어진 정신을 모아 어두운 정신을 밝히며 오늘은 괴로우나 내일을 위해서 복짓는 재미로 사는 불보살의 세계가 있습니다.

집착의 중생 세계에서는 탐 진 치 삼독심이 주장이 되어 일생을 허덕이다가 무명에 빠져서 12인연법에 끌려 다니는 것으로 무량세계 무량겁의 고해에서 헤매이며 다니고 있으나, 해탈의 불보살 세계에서는 계 정 혜의 삼대력이 주장이 되어 일생토록 마음을 챙겨 법있게 살다가 법있게 마침으로써 밝은 영식 하나가 무량세계 무량겁을 자유자재하면서 12인연법을 굴리고 다니게 됩니다.
그러므로 중생의 세계에서는 한없는 고가 뒤따르게 되고, 불보살의 세계에서는 한없는 재미가 뒤따르게 되며, 중생은 낳고 죽는다고 하나 불보살들은 왔다 간다고 하는 것입니다.

○○○ **영가시여!**
이에 부처님께서 대자대비로 12인연 법문을 설하셨으니 이 법문으로써 탐 진 치의 속박의 길을 놓고 계 정 혜의 해탈의 길을 찾아서 무량세계 무량겁을 통하여 한없는 복록의 길을 개척하시기 바랍니다.

心悟轉十二因緣 마음을 깨치면 12인연을 굴리고
心迷十二因緣轉 마음이 어두우면 12인연에 끌려 다닙니다.

_ 대산종사

대서원 · 대신성 · 대참회

○○○영가시여!
세상에 빛이 많으나 대서원의 빛과 같이 크고 밝은 빛이 없어서 삼세三世를 통하여 일체생령一切生靈과 시방세계十方世界를 두루 비추고도 남음이 있는 것이니 이 때를 당하여 더욱 큰 서원을 세워야 할 것입니다.

또한 세상에 보배가 많이 있으나 그 중에서도 대신성大信誠의 보배가 제일 크고 값진 것이어서 대종사님과 삼세 제불제성諸佛諸聖과 영생을 같이할 수 있을 것이니 이 때를 당하여 더욱 큰 신성을 굳게 하여야 하겠습니다.

또는 모든 속박에서 벗어나 대자유를 얻는 길로서는 큰 참회懺悔와 같이 빠른 길이 없는 것이니 삼세를 통하여 알고도 짓고 모르고도 지은 모든 업장業障을 녹이기 위해서는, 진정한 참회로 내가 먼저 풀어 다시 갚지 말아야, 세세생생世世生生 거래간去來間에 평안하고 걸림이 없을 것인즉 이 때를 당하여 또한 큰 참회로 일념청정一念淸淨한 가운데 오고가야 할 것입니다.

○○○영가시여!
오늘을 맞아 거듭 부탁하노니 대서원과 대신성과 대참회로 기필코 대불과大佛果를 증득證得하시기를 간절히 부탁하는 바입니다.

_ 대산종사

일원상 서원문 —圓相 誓願文

일원은 언어도단言語道斷의 입정처入定處이요, 유무 초월의 생사문生死門인 바, 천지·부모·동포·법률의 본원이요, 제불·조사·범부·중생의 성품으로 능이성 유상能以成有常하고 능이성 무상無常하여 유상으로 보면 상주 불멸로 여여 자연如如自然하여 무량세계를 전개하였고, 무상으로 보면 우주의 성·주·괴·공成住壞空과 만물의 생·로·병·사生老病死와 사생四生의 심신 작용을 따라 육도六途로 변화를 시켜 혹은 진급으로 혹은 강급으로 혹은 은생어해恩生於害로 혹은 해생어은害生於恩으로 이와 같이 무량 세계를 전개하였나니, 우리 어리석은 중생은 이 법신불 일원상을 체받아서 심신을 원만하게 수호하는 공부를 하며, 또는 사리를 원만하게 아는 공부를 하며, 또는 심신을 원만하게 사용하는 공부를 지성으로 하여 진급이 되고 은혜는 입을지언정, 강급이 되고 해독은 입지 아니하기로써 일원의 위력을 얻도록까지 서원하고 일원의 체성體性에 합하도록까지 서원함.

반야바라밀다심경 般若波羅蜜多心經

관자재보살께서 깊은 반야바라밀다 공부를 행할 때에 오온五蘊=色受想行識이 다 공한 것을 비추어 보고 일체 고액을 건넜나니라. 사리자야 색이 공에 다르지 아니하고 공이 색에 다르지 아니하여 색이 곧 공이요 공이 곧 색이니, 수·상·행·식도 또한 이와 같나니라. 사리자야 이 모든 법의 공한 상은 생하지도 아니하고 멸하지도 아니하며 더럽지도 아니하고 조촐하지도 아니하며 더 하지도 아니하고 덜하지도 아니하나니, 이런 고로 공 가운데에는 색도 없고 수·상·행·식도 없으며 눈과 귀와 코와 혀와 몸과 뜻도 없으며 색과 소리와 냄새와 맛과 부딪침과 법도 없으며 눈 경계도 없고 내지 의식意識 경계도 없으며 무명도 없고 또한 무명이 다했다는 것도 없으며 내지 늙고 죽는 것도 없고 또한 늙고 죽는 것이 다했다는 것도 없으며, 고·집·멸·도도 없고 지혜도 없고 또한 얻음도 없나니, 써 얻은 바가 없는 고로 보살이 이 반야바라밀다 공부에 의지한지라 마음에 걸림이 없고 걸림이 없는 고로 두려움이 없고 전도와 몽상을 멀리 떠나서 마침내 열반을 얻었으며 삼세 모든 부처님도 다 이 반야바라밀다 공부에 의지한지라 아뇩다라삼먁삼보리를 얻었나니라. 그런 고로 알라. 반야바라밀다는 이 크게 신비한 주문이요 이 크게 밝은 주문이요 이 위가 없는 주문이요 이 등等이 없는 자리에 등한 주문이라 능히 일체 고를 제거하며 진실하여 허하지 아니하나니라. 이런 고로 반야바라밀다의 주문을 설하노니, 곧 주문을 설하여 가로되 "아제아제 바라아제 바라승아제 모제사바하."

{附・漢文}

觀自在菩薩 行深般若波羅蜜多時 照見五蘊皆空 度一切苦厄 舍利子 色不異空 空不異色 色即是空 空即是色 受想行識 亦復如是 舍利子 是諸法空相 不生不滅 不垢不淨 不增不減 是故空中 無色無受想行識 無眼耳鼻舌身意 無色聲香味觸法 無眼界 乃至 無意識界 無無明 亦無無明盡 乃至無老死 亦無老死盡 無苦集滅道 無智亦無得 以無所得故 菩提薩埵 依般若波羅蜜多故 心無罣碍 無罣碍故 無有恐怖 遠離顛倒夢想 究竟涅槃 三世諸佛 依般若波羅蜜多故 得阿耨多羅三藐三菩提 故知般若波羅蜜多 是大神呪 是大明呪 是無上呪 是無等等呪 能除一切苦 眞實不虛 故說般若波羅蜜多呪 即說呪曰 揭諦揭諦 波羅揭諦 波羅僧揭諦 菩提薩婆訶.

참회문

음양 상승陰陽相勝의 도를 따라 선행자는 후일에 상생相生의 과보를 받고 악행자는 후일에 상극相克의 과보를 받는 것이 호리도 틀림이 없으되, 영원히 참회 개과하는 사람은 능히 상생 상극의 업력을 벗어나서 죄복을 자유로 할 수 있나니, 그러므로 제불 조사가 이구 동음으로 참회문을 열어 놓으셨나니라.

대범, 참회라 하는 것은 옛 생활을 버리고 새 생활을 개척하는 초보이며, 악도를 놓고 선도에 들어오는 초문이라, 사람이 과거의 잘못을 참회하여 날로 선도를 행한즉 구업舊業은 점점 사라지고 신업은 다시 짓지 아니하여 선도는 날로 가까와지고 악도는 스스로 멀어지나니라. 그러므로, 경에 이르시되「전심 작악前心作惡은 구름이 해를 가린 것과 같고 후심 기선後心起善은 밝은 불이 어둠을 파함과 같나니라」하시었나니, 죄는 본래 마음으로부터 일어난 것이라 마음이 멸함을 따라 반드시 없어질 것이며, 업은 본래 무명無明인지라 자성의 혜광을 따라 반드시 없어지나니, 죄고에 신음하는 사람들이여! 어찌 이 문에 들지 아니하리요.

그러나, 죄업의 근본은 탐·진·치貪嗔痴라 아무리 참회를 한다 할지라도 후일에 또다시 악을 범하고 보면 죄도 또한 멸할 날이 없으며, 또는 악도에 떨어질 중죄를 지은 사람이 일시적 참회로써 약간의 복을 짓는다 할지라도 원래의 탐·진·치를 그대로 두고 보면 복은 복대로 받고 죄는 죄대로 남아 있게 되나니, 비하건대 큰 솥 가운데 끓는 물을 냉숭하게 만들고자 하는 사람이 위에다가 약간의 냉수만 갖다 붓고, 밑에서 타는 불을 그대로 둔즉 불의 힘은 강하고 냉수의 힘은 약하여 어느 때든지 그 물이 냉해지지 아니함과 같나니라.
세상에 전과前過를 뉘우치는 사람은 많으나 후과를 범하지 않는 사람은 적으며, 일시적 참회심으로써 한 두 가지의 복을 짓는 사람은 있으나 심중의 탐·진·치는 그대로 두나니 어찌 죄업이 청정하기를 바라리요.

참회의 방법은 두 가지가 있으니, 하나는 사참事懺이요 하나는 이참理懺이라, 사참이라 함은 성심으로 삼보三寶 전에 죄과를 뉘우치며 날로 모든 선을 행함을 이름이요, 이참이라 함은 원래에 죄성罪性이 공한 자리를 깨쳐 안으로 모든 번뇌 망상을 제거해 감을 이름이니 사람이 영원히 죄악을 벗어나고자 할진대 마땅히 이를 쌍수하여 밖으로 모든 선업을 계속 수행하는 동시에 안으로 자신의 탐·진·치를 제거할지니라. 이같이 한즉, 저 솥 가운데 끓는 물을 냉하게 만들고자 하는 사람이 위에다가 냉수도 많이 붓고 밑에서 타는 불도 꺼버림과 같아서 아무리 백천 겁에 쌓이고 쌓인 죄업일지라도 곧 청정해 지나니라.

또는, 공부인이 성심으로 참회 수도하여 적적 성성한 자성불을 깨쳐 마음의 자유를 얻고 보면, 천업天業을 임의로 하고 생사를 자유로 하여 취할 것도 없고 버릴 것도 없고 미워할 것도 없고 사랑할 것도 없어서, 삼계 육도三界六途가 평등 일미요, 동정 역순이 무비 삼매無非三昧

라, 이러한 사람은 천만 죄고가 더운 물에 얼음 녹듯하여 고도 고가 아니요, 죄도 죄가 아니며, 항상 자성의 혜광이 발하여 진대지가 이 도량이요, 진대지가 이 정토라 내 외 중간에 털끝만한 죄상(罪相)도 찾아볼 수 없나니, 이것이 이른바 불조의 참회요, 대승의 참회라 이 지경에 이르러야 가히 죄업을 마쳤다 하리라.

금강경 金剛經

1.
이와 같음을 내가 듣사오니 한 때에 부처님께서 사위국(舍衛國) 기수급고독원(祇樹給孤獨園)에 계시사 대비구(大比丘)들 천 이백 오십 인으로 더불어 함께 하시더니 이 때에 세존께서 식때가 되어 가사를 입으시고 발우(鉢盂)를 가지시고 사위 대성(舍衛大城)에 드시사 걸식 하실새 그 성중에서 차례로 빌기를 마치시고 본처로 돌아와 공양을 마치시고 의발을 거두시고 발 씻기를 마치신 후 자리를 펴고 앉으시니라.

{附·漢文}
如是我聞하사오니 一時에 佛이 在舍衛國祇樹給孤獨園하사 與大比丘衆千二百五十人으로 俱러시니 爾時에 世尊이 食時에 着依持鉢하시고 入舍衛大城하사 乞食하실새 於其城中에 次第乞已하시고 還至本處하사 飯食訖하시고 收依鉢하시고 洗足已하시고 敷座而坐러시다

2.

때에 장로長老 수보리須菩提 대중 가운데에 있어 곧 자리로 좇아 일어나 바른 편 어깨 옷을 벗어 엇메며 바른 편 무릎을 땅에 붙이고 합장 공경하여 부처님께 사뢰어 말씀하되 [희유하옵신 세존이시여 여래께서는 모든 보살을 잘 호념하시며 모든 보살에게 잘 부촉하시나니, 세존이시여 선남자 선녀인이 아뇩다라삼먁삼보리阿耨多羅三藐三菩提＝無上正徧正覺심을 발한 이는 마땅히 어떻게 주住하며 어떻게 그 마음을 항복 받으오리까.] 부처님께서 말씀하시되 [착하고 착하다 수보리야, 너의 말한 바와 같이 여래는 모든 보살을 잘 호념하며 모든 보살에게 잘 부촉하나니, 너는 이제 자세히 들으라. 마땅히 너를 위하여 말하리라. 선남자 선녀인이 아뇩다라삼먁삼보리심을 발한 이는 마땅히 이와 같이 주하며 이와 같이 그 마음을 항복받을지니라.] [예 그러하옵니다 세존이시여. 원컨대 즐거이 듣고자 하나이다.]

{附·漢文}

時에 長老須菩提 在大衆中하사 卽從座起하사 偏袒右肩하시며 右膝着地하시고 合掌恭敬하사 而白佛言하사대 希有世尊이시여 如來 善護念諸菩薩하시며 善付囑諸菩薩하시나니 世尊이시여 善男子善女人이 發阿耨多羅三藐三菩提心한 이는 應云何住며 云何降服其心히리이꼬 佛言하사대 善哉善哉라 須菩提야 如汝所說하야 如來 善護念諸菩薩하며 善付囑諸菩薩하나니 汝今諦聽하라 當爲汝說하리라 善男子善女人이 發阿耨多羅三藐三菩提心한 이는 應如是住하며 如是降伏其心이니라 唯然世尊이시여 願樂欲聞하나이다

3.
부처님께서 수보리에게 고하시되 [모든 보살 마하살摩訶薩이 마땅히 이와 같이 그 마음을 항복받나니 "이 세상에 있는 바 일체 중생의 종류 가운데 혹 알로 생긴 것과 혹 태胎로 생긴 것과 혹 습濕으로 생긴 것과 혹 화化로 생긴 것과 혹 빛이 있이 된 것과 혹 빛이 없이 된 것과 혹 생각이 있이 된 것과 혹 생각이 없이 된 것과 혹 생각이 있지도 않고 생각이 없지도 않게 된 것 등을 내가 다 하여금 남음이 없는 열반에 넣어 멸도滅度시키리라." 이와 같이 한량이 없고 수가 없고 가 없는 중생을 멸도하되 실로 중생이 멸도를 얻은 이가 없나니, 어찌한 연고인고 수보리야 만일 보살이 아상我相과 인상人相과 중생상衆生相과 수자상壽者相이 있으면 곧 보살이 아니니라.]

{附・漢文}
佛이 告須菩提하사대 諸菩薩摩訶薩이 應如是降服其心하나니 所有一切衆生之類에 若卵生과 若胎生과 若濕生과 若化生과 若有色과 若無色과 若有想과 若無想과 若非有想非無想을 我皆令入無餘涅槃하야 而滅度之하리라 如是滅度無量無數無邊衆生호대 實無衆生得滅度者니 何以故오 須菩提야 若菩薩이 有我相人相衆生相壽者相하면 卽非菩薩이니라

4.
[또한 수보리야 보살은 법에 마땅히 주함이 없이 보시를 행하나니 이른바 색에 주하지 않고 하는 보시며 소리와 냄새와 맛과 부딪침

과 법法에 주하지 않고 하는 보시니라. 수보리야 보살이 마땅히 이와 같이 보시하여 상相에 주하지 말지니, 어찌한 연고인고 만일 보살이 상에 주하지 아니하고 보시하면 그 복덕을 가히 사량하지 못할지니라. 수보리야 네 뜻에 어떠하냐 동방 허공을 가히 사량하겠느냐.] [못하겠나이다 세존이시여.] [수보리야 남 서 북방 사유四維 상하 허공을 가히 사량하겠느냐.] [못하겠나이다 세존이시여.] [수보리야 보살의 상에 주하지 않고 보시하는 복덕도 또한 다시 이와 같아서 가히 사량하지 못할지니라. 수보리야 보살이 다만 마땅히 가르친 바와 같이 주할지니라.]

{附・漢文}
復次須菩提야 菩薩은 於法에 應無所住하야 行於布施니 所謂不住色布施며 不住聲香味觸法布施니라 須菩提야 菩薩이 應如是布施하야 不住於相이니 何以故오 若菩薩이 不住相布施하면 其福德을 不可思量이니라 須菩提야 於意云何오 東方虛空을 可思量不아 不也니이다 世尊이시여 須菩提야 南西北方 四維上下 虛空을 可思量不아 不也니이다 世尊이시여 須菩提야 菩薩의 無住相布施하는 福德도 亦復如是하야 不可思量이니라 須菩提야 菩薩이 但應如所教住니라

5.
[수보리야 네 뜻에 어떠하냐. 가히 신상身相으로써 여래를 보겠느냐.] [아니옵니다 세존이시여. 가히 신상으로써 여래를 얻어 보지 못할지니, 어찌한 연고인가 하오면 여래께서 말씀하신 신상이 곧 신상이

아닌 까닭이옵니다.] 부처님께서 수보리에게 고하시되 [무릇 형상 있는 바가 다 이 허망한 것이니 만일 모든 상이 상 아님을 보면 곧 여래를 보리라.]

{附·漢文}
須菩提야 於意云何오 可以身相으로 見如來不아 不也니이다 世尊이시여 不可以身相으로 得見如來니 何以故오 如來所說身相은 卽非身相이니이다 佛이 告須菩提하사대 凡所有相이 皆是虛妄이니 若見諸相이 非相하면 卽見如來니라

금강경은 '금강반야바라밀경'의 줄임말입니다. 내용은 5장 이후로도 32장까지 있으나 천도재식에서 독경할 때는 통상 5장까지만 합니다. 이 내용만으로도 금강경의 요지가 다 드러났다고 할 수 있습니다. 소태산 대종사가 대각 후 이 경을 열람하고 '석가모니불은 성인들 중의 성인'이라 찬탄한 대표적인 연원淵源 경전입니다.

발인식 고사 發靷式 告辭

<고사> ○○님이시여! 이제 거연히 열반하시오니 오직 애통하고 망극하옵니다. 저희들을 이만큼 보호 훈육하실 제 그 정성 그 수고가 과연 어떠하셨나이까.

산보다 높고 바다보다 깊으신 그 은혜에, 모시고 보은할 길 아득하오나, 오직, 평소의 교훈과 원력 받들어 종신토록 보은지도에 정진하겠사오니,

바라옵건대 ○○님이시여! 모든 일을 돈연히 잊으시고 청정한 일념에 원적圓寂하셨다가 법연 따라 하루 속히 돌아 오시옵소서.

발인식 부모전 고사 發靷式 父母前 告辭

<고사> 원기 ○○년 ○월 ○일에, 소자녀 ○○등은 두어줄 애사를 받들어 ○○님 존령전에 고백하옵나이다.

오호 ○○님이시여! 이제 영영 열반의 길을 떠나시었나이까. 저희들은 태산이 무너진듯 정신이 아득하여 이 망극함을 무엇이라 다 사뢰지 못하겠나이다.

○○님께서는 저희들을 낳으사 자력 없는 연약한 몸을 길러 내실제 온갖 수고를 잊으시고 모든 사랑을 이에 다하셨으며, 철 없는 우치한 마음을 지도하실 때에 온갖 방편을 가리지 않으시고 모든 정성을 이에 다하시어, 이제 와서는 자력 없던 몸이 차차 자력을 얻게 되고 철 모르던 마음이 차차 철을 알게 되어 인류 사회에 한 사람의 자격으로써 같이 참여하게 되었사오니,

오늘날 저희들의 생활은 모두가 ○○님의 주신 선물이요 정성을 쌓으신 결정이옵나이다. 그러하오나 저희들은 효심孝心이 부족하옵고 또는 (어떠한) 관계로 생전에 보은 도리와 시봉 절차를 변변히 이행하지 못하옵고 ○○님의 마음에 매양 만족과 위안을 드리지 못하옵다가 이제 거연히 영결永訣의 슬픔을 당하게 되오니, 과거를 회상하오매 모두가 유감이요 한恨이 되옵나이다.

○○님이시여! 호천昊天이 망극한 이 은혜를 다시 어느 때에 갚사오며, 창해가 무진無盡한 이 여한을 다시 어느 때에 풀으오리까.

○○님이시여! 저희들의 불초함을 널리 용서하옵시고, 또는 저희들로 인하여 미진한 착심도 다 잊으시옵고 오직 청정일념에 주하시와 부처님의 대도에 근원하여 모든 혹업을 초월하시고, 인연을 따라 몸을 나투실 때 반드시 수행에 정진하시어 필경 불과를 성취하시며, 자비의 법력을 베푸시와 널리 세상을 이익주고 대중을 구원하는 성자가 되시옵기를 깊이 축원하옵나이다.

○○님 존령이시여! 하감하시옵소서.

발인식 축원문 發靷式 祝願文

<축원문> 원기 ○○년 ○월 ○일에 원불교 ○○지방 예감 ○○는 새 열반인 ○○의 발인식을 당하와 정심재계하옵고 삼가 법신불 사은전에 그 천도 발원을 올리나이다.

법신불 사은이시여! 열반인 ○○는 평소에 천성이 (어떠)하고 행실이 (어떠)하며, 공익으로는 (어떠)한 사업을 하였사옵고, 도문에 입참하여는 (어떠)한 신심과 수행이 있었사오니, 본인의 일생에 지은 바 약간의 선근을 굽어 살피시옵고 또는 그의 (친자녀) ○○외 일반 가족의 지극한 정성과 동지 친우들의 공동 발원함을 널리 통촉하시와 열반인의 영근에 혹 어떠한 업장이 남아 있삽거든 진여의 법력으로써 이를 청소하여 주시옵고,

그의 영로에 혹 무명이 가리울 때에는 반야의 혜광으로써 이를 인도하시와, 사견을 버리고 정견을 가지며 속박을 여의고 해탈을 얻어서, 악도 윤회에 들지 아니하고 바로 불토 낙지에 돌아와서, 생생에 사람의 몸을 잃지 아니하고 세세에 도덕의 인연을 떠나지 아니하며, 정법 수행을 길이 정진하여 성불 제중의 대과를 원만 성취하게 하여 주시옵소서. 일심 봉축하옵고 사배 복고하옵나이다.

입장식 영결사 入葬式 永訣辭

<영결사> ○○영가시여! 영가의 가지고 있던 그 형체는 지수화풍 사연(四緣)이 이미 흩어지옵고 안이비설신의 육근도 이제 그 명색을 감추게 되오니, 이에 따라 영가의 수용하던 재색과 명리가 영가에게는 이미 한 꿈으로 화하였으며, 친근 권속도 전일에 대하던 그 얼굴로는 서로 영결이 되었사오니, 생각한들 무슨 이익이 있으며 애착한들 무슨 실효가 있으리까.

영가의 과거 일생은 고락 영고를 막론하고 이미 다 마쳤사오니, 과거의 세간 애착은 조금도 염두에 남기지 마시옵고 오직 생멸 거래가 없고 망상 번뇌가 끊어진 본래의 참 주인을 찾아서 미래 세상에 반드시 불과를 얻고 대중을 이익주며 금생에 모였던 모든 선연도 불토 극락에 다시 만나서 한 가지 도업을 성취하옵기를 깊이 축원 하오며 간절히 부탁하옵나이다.

종재 축원문 終齋 祝願文

<축원문> 원기 ○○년 ○월 ○일에 원불교 ○○지방 예감 ○○는 ○○의 열반 후 49일 종재를 당하와, 정심재계하옵고 삼가 법신불 사은전에 그 천도 발원을 올리나이다.

법신불 사은이시여! 열반인은 평소에 천성이 (어떠)하고 행실이 (어떠)하며 공익으로는 (어떠)한 사업을 하였사옵고 도문에 입참하여는 (어떠)한 신심과 수행이 있었사오니, 본인의 일생에 지은 바 약간의 선근을 굽어 살피시옵고 또는 그의 (친자녀)○○ 외 일반 가족의 7·7헌재하는 지극한 정성과 동지 친우들의 공동 발원하는 선의를 널리 통촉하여 주시옵소서.

더욱 오늘 이 49일은 열반인 ○○의 중음을 옮기는 중요한 기일이 되온 바, 아직 수행력이 부족한 중생계에 있어서 어찌 그 천업을 자력으로써 돌파할 수 있사오리까. 어린 아이가 질고가 있으면 먼저 그 부모를 찾게 되옵고 미迷한 영식靈識이 명로冥路를 당하면 먼저 부처님의 구원을 구하게 되옵나니,

대자대비하옵신 법신불 사은이시여! 이 모든 정경을 애민히 여기시옵고 가호의 힘을 나리시와 열반인의 영근에 혹 어떠한 업장이 남아 있삽거든 진여의 법력으로써 이를 청소하여 주옵시고, 그의 영로에 혹 무명이 가리울 때에는 반야의 혜광으로써 이를 인도하시

와, 사견을 버리고 정견을 가지며 속박을 여의고 해탈을 얻어서 악도 윤회에 들지 아니하고 바로 불토 낙지에 돌아와서, 생생에 사람의 몸을 잃지 아니하고 세세에 도덕의 인연을 떠나지 아니하며, 정법 수행을 길이 정진하여 필경은 성불제중의 대과를 원만 성취하게 하여 주시옵소서. 일심 봉축하옵고 사배 복고하옵나이다.

아름다운
이별

소태산의 천도 법문

발행일 원기 105년(2020) 4월 20일
편저자 최정풍 교무

디자인 토음디자인
인쇄 (주)문덕인쇄

펴낸곳 도서출판 마음공부
등록번호 305-33-21835(2014.04.04)
주소 익산시 익산대로 463, 3층
전화 070-7011-2392
ISBN 979-11-982813-2-6
가격 12,000원